행동의 나침반

행동의 나침반

초판 1쇄 발행 2024년 2월 22일

지은이 | 김재철

펴낸이 | 이의성

펴낸곳 | 지혜의나무

등록번호 | 제1-2492호

주소 | 서울시 종로구 인사동7길 33(관훈동)

전화 | (02)730-2211 팩스 | (02)730-2210

ⓒ김재철

ISBN 979-11-85062-47-1   (03190)

행동의 나침반

김재철 지음

당신의 재능이 당신을 스타로 탄생시켜 줍니다

지혜의나무

머리말

　21세기에 들어서면서 우리는 인류역사상 가장 풍요로운 시대를 살아가고 있습니다. 정보화 사회의 발달로 새로운 지식과 정보 또한 서로 공유하고 활용할 수 있게 되었습니다. 나의 성격분석, 사주팔자 풀이 등도 인터넷 창에서 검색만 하면 수많은 정보가 제공되고 있습니다. 그러나 우리는 이 많은 정보들이 모두 검증되고 확인된 것이 아니라는 것을 잘 알고 있을 것입니다. 우리는 모두 불확실한 미래를 살아가고 있기 때문에 미래의 나를 찾고자 부단히도 노력하고 있습니다. 최근 들어 인기가 높아진 성격심리학 분야를 필자와 같은 평범한 사람도 탐구할 수 있는 기회가 주어졌습니다. 필자가 이 책을 쓰게 된 이유 중 하나는 "나의 성격을 잘 알았다면 나의 미래가 바뀌었을까?"라는 물음에서부터 시작한 것 같습니다. 성격에 대한 지식과 정보를 어떻게 하면 우리의 삶에 쉽게 적용하고 활용할 수 있을까를 고민하였고, 성격심리학과 사주학에 관한 많은 책과 자료들을 수집하였습니다.

　동양의 사주학 속에는 성격특성을 표현하는 용어들이 여기저기 많이 있습니다. 그러나 성격을 표현한 단어들이 상징적이고 추상적이며 너무 간단하게 씌어져 있어 일반인들이 이해하기는 쉽지 않습니다. 그리고 서양의 성격심리학처럼 성격특성들이 범주화, 체계화되어 있지도 않았습니다.

반면, 서양의 성격심리학은 심리학자들의 수많은 연구로 높은 수준으로 발달되어 가고 있습니다. 성격심리학자들이 개발한 성격유형론은 우리의 성격을 이해하고 활용하는 데 크게 도움을 주는 간편한 방법인 것을 저는 알게 되었습니다.

따라서 필자는 사주학의 음양, 오행성격과 서양성격유형론인 5대성격요인모델의 형식과 용어들을 참고하여 음양오행성격유형을 창안하였습니다. 사주학의 성격특성 단어들을 이해하기 쉽도록 구체적인 글귀로 표현했습니다. 음양오행성격유형의 내용에 맞추어 성격특성들을 "목, 화, 금, 수, 토" 5개 분야로 분류하고 체계화하여 정리했습니다.

오행성격특성을 우리가 제대로 이해하는 것은 우리의 삶에 단기, 중기, 장기 목표를 설정할 수 있다는 것이며, 자기성취와 행복한 생활을 해 나가는데 큰 영향을 미치게 됨을 깨닫게 하는 이유입니다.

첫째, 당신의 타고난 재능인 오행장점성격과 꿈을 담아 스스로 설정한 목표가 꼭 들어맞을 때, 당신은 마음이 끌리고 신바람나게 당신의 재능에 맞는 목표를 추구하게 됩니다. 또한 당신은 목표를 추구하는데 몰두하는 동안 행복을 느낄 것입니다. 당신의 목표는 당신의 행동 나침반이 됩니다.

둘째, 당신의 목표를 성취하기 위해서는 오행성격특성의 팀워크를 만드는 것입니다. 오행성격특성인 "목, 화, 금, 수, 토"는 팀원이 되는 것입니다. 장점성격들은 상극으로 조절하며 팀의 조화를 이루게 합니다. 약점성격들은 상생으로 능력을 보완해서 팀의 능력과 잠재력을 높일 수 있게 됩니다. 당신은 오행성격특성의 팀워크로 자기 성취를 얻게 됩니다. 당신은 행복을 느끼실 것입니다.

셋째, 당신은 일상생활은 물론이고 일생의 여행길 위에서 행복한 삶이 되길 희망할 것입니다. 칸트는 충동(생물본능)과 도덕심(사회본능)의 균형을 이루는 것이 인간의 정상적인 삶이라고 주장했습니다. 오행성격인 '목'과 '화'의 성격특성 행동의 뿌리는 생물본능입니다. 인간의 이기적 행동은 '목'과 '화'의 성격에서 태어났습니다. 오행성격인 '금'과 '수'의 성격특성 행동의 뿌리는 사회본능입니다. 인간의 이타적 행동은 '금'과 '수'의 성격에서 태어났습니다. 이기적 행동과 이타적 행동의 균형을 유지하는 것은 당신을 행복한 생활에 머물러 있게 하는 것입니다.

제5장은 당신의 오행성격특성을 쉽게 활용할 수 있도록 당신의 재능인 장점성격을 중심으로 30개 성격모델을 만들었습니다. 여기에 30개 성격모델의 오행성격특성의 장점성격과 비슷한 세계의 유명인사 36명의 오행성격특성인 장점성격, 즉 재능들이 하나의 테마에 초점을 맞추어 그들의 핵심목표를 성취해 나가는가를 분석하였습니다. 당신은 성격모델30개 중에 자기의 장점성격과 같거나 비슷한 것을 찾아서 읽어보세요! 당신의 장점성격이 당신의 재능들입니다.

제4장은 음과 양의 중요한 성격특성을 6개씩 뽑아 정리하였으며, 오행성격특성인 "목, 화, 금, 수, 토"의 중요한 성격특성을 7개씩 요약했습니다.

제3장은 당신에게 유용한 성격유형론을 설명했습니다.
동·서양 성격유형론은 긍정적 차이가 있을 뿐입니다.

제2장은 서양인과 동양인의 성격형성의 기원을 기술했습니다.
제1장은 사주의 기원과 발달과정을 이야기했습니다.

독자 여러분께서는 잠깐의 시간을 투자해 5장의 30개 모델 중 자기 성격과 같거나 비슷한 성격모델을 찾아 읽고 4장에서 오행성격 요약을 공부하면 당신의 성격을 제대로 이해할 수 있습니다. 시간적 여유가 더 있다면 1장과 2장, 3장을 읽고 성격에 대해 좀 더 깊이 생각해 보시기 바랍니다.

이 책이 출간되기까지 많은 분들의 도움과 격려가 큰 힘이 되었습니다. 원고를 준비하는 과정에서 자료수집, 원고 입력과 교정을 도와주고 새로운 아이디어로 토의를 함께한 김준수 박사 내외분께 깊은 감사의 마음을 보냅니다. 이 책이 출간되기까지 홍용기 사장님의 물심양면 후원에 깊은 감사의 마음을 드립니다. 회사가 날로 번영하기를 진심으로 소원합니다. 지혜의나무 출판사 사장님의 조언과 직원 여러분께도 깊은 감사를 드립니다.

가장 가까이에서 변함없는 격려와 온 마음을 다해 지원을 아끼지 않은 아내에게 마음과 몸을 다해 사랑하는 평생연인을 천명합니다.

이 책이 세상에서 빛을 볼 때까지 진심 어린 후원자가 되어준 가족과 친척, 친지들에게 마음의 깊은 곳에서 우러나오는 사랑을 보냅니다.

목 차

1장
사주가 뭐길래?

이야기 사주역사

고대 중국 전국시대(403~221 BC) 끝 무렵 추연(305?~240? BC)이 음양오행설을 체계화하였습니다. 이후 당나라(618~907) 때 이허중이 사람의 길흉화복과 성격을 명리학에 12개 별자리를 각각의 동물로 표현하여 성격을 쉽게 이해하고 활용할 수 있도록 체계화한 것으로 알려졌습니다. 그후 송나라(960~1270) 때 서자평이 오행과 상생·상극 이론을 융합시켜 명리학을 발전시켰습니다. 언제부터 명리학을 사주학으로 통일하여 쓰여졌는지는 명확하지 않습니다.

사주는 태어난 해(年), 달(月), 날(日), 시(時)에 따라 간지(천간과 지지) 두 글자씩 4개로 구분하여 사람의 길흉화복과 성격을 알아보는 예언서로 현재까지 사용되었습니다.

벼의 씨가 싹이 트고 생장하여 벼이삭이 익을 때 까지를 10단계로 구분하여 각 단계를 천간 열자(갑, 을, 병, 정, 무, 기, 경, 신, 임, 계)로 표현한 것으로 생각됩니다. 벼의 뿌리는 삶의 공간을 땅 속으로 확장하고 벼 줄기는 땅 위에서 삶의 공간을 확장합니다. 사람의 소유 욕구는 공간 확장에 있습니다.

지지는 계절에 따라 1월부터 12월까지 하늘이 보여주는 12개 별자리를 계절을 상징할 만한 동물로 표현한 것을 기준으로 열두 자를 표현하였습니다(자=1월, 축=2월, 인=3월, 묘=4월, 진=5월, 사=6월, 오=7월, 미=8월, 신=9월, 유=10월, 술=11월, 해=12월).

사람의 존재욕구는 한정된 시간에 순응하는 데 있습니다. 천간과 지지를 결합하여 간지를 만들 때 천간의 홀수는 지지의 홀수와 그리고 천간의 짝수는 지지의 짝수와 결합하였습니다. 천간과 지지의 순환적 결합으로 이뤄집니다. 천간은 6번, 지지는 5번 순환하여 결합하면 처음 결합한 갑과 자가 다시 시작됩니다. 이것을 환갑이라고 하여 61번째 결합입니다. 옛사람들은 61세까지 사는 것을 복 받은 일이라 하여 자녀들이 환갑잔치를 했습니다.

사주 성격특성의 발생적 근원

〔천간의 성격〕

천간은 벼의 씨가 싹이 트고 생장해서 이삭이 익을 때까지 벼의 일생을 참고하여 창작한 것입니다.

갑(甲)

갑은 볍씨의 겉껍질을 표현한 것입니다. 겉껍질이 흠집이 생기면 싹이 트기 어렵습니다. 전쟁에 나가는 장수는 갑옷을 입습니다. 천간의 갑자는 볍씨의 갑옷입니다. 갑의 성격은 성장의지가 강합니다. 목표를 향해 전진합니다. 욕망이 강열합니다.

을(乙)

을은 벼의 씨껍질을 뚫고 나온 새싹입니다. 을의 성격은 생존력이 강합니다. 환경적응력이 높습니다. 인간관계에서 유연합니다.

병(丙)

병은 새싹에서 나온 뿌리가 지구의 중력이 끄는 방향으로 힘차게 뻗어 내려서 새싹을 지탱하는 모습입니다. 병의 성격은 성취에 대한 열정이 강합니다. 상황 판단이 매우 빠릅니다. 도전정신이 강합니다.

정(丁)

정은 줄기와 뿌리를 연결하는 대공입니다. 정의 성격은 윗사람과 아랫사람에 대한 예의가 바릅니다. 의리가 강합니다. 위기에 대응능력이 뛰어납니다.

무(戊)

무는 새싹이 땅 표면을 뚫고 나올 때 새싹이 상처를 입지 않도록 감싸고 있는 펜싱의 칼집 같은 모양의 초엽(colleoptile)입니다. 새싹의 호위무사입니다. 무의 성격은 목표 달성을 추진하는데 안전을 최우선합니다. 성실합니다. 의리가 강합니다.

기(己)

기는 벼 줄기입니다. 기의 성격은 자부심이 강합니다. 성취의욕이 강합니다. 포용력이 강합니다. 신뢰감이 강합니다.

경(庚)

경은 벼 낱알의 껍질입니다. 껍질은 단단하고 질깁니다. 경의 성격은 일에 대한 결단력이 강합니다. 자긍심이 강합니다. 청렴결백합니다.

신(辛)

신은 벼꽃이 수정된 후 벼 낱알 안에 약간 쓴맛이 나는 유즙형태로 탄수화물이 저장되는 곳입니다. 신의 성격은 치밀합니다. 냉철한 원리원칙주의자입니다. 절제력이 강합니다. 신중합니다.

임(壬)

임은 벼 낟알이 이삭줄기에 붙어있는 실모양의 까그라기입니다. 임의 성격은 실처럼 유연성이 높습니다. 친화력이 있습니다. 부지런합니다. 영리하고 재주가 있습니다.

계(癸)

계는 벼이삭입니다. 계의 성격은 겸손합니다. 환경적응력이 강합니다. 정직합니다. 현실적 감각이 뛰어납니다.

〔지지의 성격〕

지지는 자, 쥐=1월, 축, 소=2월, 인, 호랑이=3월, 묘, 토끼=4월, 진, 용=5월, 사, 뱀=6월, 오, 말=7월, 미, 양=8월, 신, 원숭이=9월, 유, 닭=10월, 술, 개=11월, 해, 돼지=12월로 사람이 생활하는 공간에서 흔히 볼 수 있는 동물로 표현하였습니다.

자(子)

자는 쥐를 상징합니다. 쥐의 성격은 환경적응을 잘합니다. 사교적이어서 인간관계가 부드럽고 감각이 뛰어납니다. 영리하고 재주가 많습니다.

축(丑)

축은 소를 상징합니다. 소의 성격은 근면 성실합니다. 인내력이 강하고 고집이 셉니다.

인(寅)

인은 호랑이를 상징합니다. 호랑이의 성격은 권력에 대한 욕망이 강합니다. 결단력이 강하고 슬기롭습니다. 활동무대가 넓습니다.

묘(卯)

묘는 토끼를 상징합니다. 토끼의 성격은 재주가 뛰어납니다. 통찰력이 높습니다. 온순하고 착합니다.

진(辰)

진은 용을 상징합니다. 말솜씨가 훌륭합니다. 재주가 뛰어나고 성취욕이 강합니다. 인내심도 강합니다.

사(巳)

사는 뱀을 상징합니다. 지혜롭고 재주가 뛰어납니다. 문학적 소질이 있습니다. 수줍음이 많습니다.

오(午)

오는 말을 상징합니다. 활동적이고 적극적입니다. 인간관계가 부드럽습니다. 정열적입니다.

미(未)

미는 양을 상징합니다. 환경적응력이 강하고 활동적입니다. 독립성이 강합니다. 끈기가 있습니다.

신(申) 🐵

신은 원숭이를 상징합니다. 재주가 많습니다. 엄격하고 냉정합니다. 고독을 즐기지만 환경적응을 잘합니다. 스포츠를 즐깁니다.

유(酉) 🐔

유는 닭을 상징합니다. 통찰력과 직관능력이 뛰어납니다. 원칙에 엄격합니다. 도전적 성격이고 절제력이 있습니다.

술(戌) 🐶

술은 개를 상징합니다. 재주가 많고 실용적입니다. 의리가 있으며 희생정신이 강합니다. 감각과 감정이 발달되어 있습니다.

해(亥) 🐷

해는 돼지를 상징합니다. 마음이 따뜻하고 겸손합니다. 총명, 정직합니다. 생각이 깊습니다.

천간과 지지로 성격을 쉽고 간단하게 알 수 있을까요?

사주 네 기둥 년주(年柱), 월주(月柱), 일주(日柱), 시주(時柱) 중에 일주가 자기의 성격을 보여줍니다. 일주의 천간과 지지의 성격이 바로 자신의 것입니다. 필자의 생년월일을 간지로 표시하면 "갑신년, 기사월, 신묘일, 임진시"입니다. 일주가 천간 '신'과 지지 '묘'를 찾아보면 필자의 성격을 쉽고 간단하게 알 수 있습니다.

'신'의 성격은 신중합니다. 치밀합니다. 절제력이 강합니다. 냉철한 원리원칙주의자입니다. '묘'의 성격은 통찰력이 높습니다. 재주가 뛰어납니다. 온순하고 착합니다.

자녀의 이름을 사주에 맞추어 짓는 풍습이 있다고요?

최근까지 한자(漢字) 문화권에서는 자녀의 이름을 사주에 맞추어 지었습니다.

저의 이름은 재철(栽 심을재, 喆 밝을 철)입니다. 사주학을 알고 계시는 아버님이 지어준 이름입니다. '세상에 밝음을 심고 양육하는 사람이 돼라'는 부모님의 소원이 담겨져 있습니다. 저는 그 이름에 따라 대학교수로 퇴직을 하였습니다.

저는 20대 때까지 사회적으로 높은 지위에 오르고 싶은 꿈과 목표를 가지고 있었습니다. 그러나 6·25 전쟁의 후유증은 저의 꿈을 막았고, 20대 청년기 동안 꿈을 잃고 절망과 분노의 늪에서 허우적거리며 세상을 원망하고 있었습니다. 30세가 되기 전인 12월 말에 저는 십여 년간 허송세월을 보낸 20대를 되돌아보면서 깜짝 놀랐습니다. 그래서 마음을 다잡고 크게 출세하겠다는 꿈을 버리고 30세에 접어들면서 교육자가 되겠다는 새로운 꿈, 일생목표를 설정하였습니다. 저의 일생목표는 저의 행동의 나침반이 되었습니다.

저는 교수가 되겠다는 구체적인 꿈을 가지게 되었고 고난의 미국 유학을 결심했는데, 막상 유학을 결심한 내 모습을 보니 '돈키호테'처럼 보였습니다. 한국을 떠나야 하는 시간이 다가오자 내가 과연 잘 해낼 수 있을까? 그 꿈을 이룰 수 있을까?에 대한 불안과 고민의 시간을 보냈습니다. '꿈은 굳은 의지와 최선의 노력으로 이루어진다.'는 나의 신념은 그 당시 크게 흔들리고 있었습니다. 그런데 불현듯 초등학교 때쯤 할머니를 따라 사주를 본 기억이 떠올랐습니다. "손자는 장래에 변호사, 교육자 또는 종교인이 될 것 같다."는 말씀을 하셨습니다. 그때는 제가 너무 어린 나이라 그 말을 새겨듣지 않고 흘려버렸습니다. 정말 교육자의 길을 걸을 수 있을지, 교수의 꿈을 이룰 수 있을지? 확인하고 싶어 사주를 다시 보게 되었습니다.

그 당시 전주에서 유명세를 타고 있던 강사주라는 분을 찾아갔습니다. 백발에 하얀 수염을 기른 모습이 꼭 도사 같다는 느낌이 들었습니다.

"왜 왔어?"

"예, 사주 보러 왔는데요!"

"뭐가 궁금한데? 무엇을 알고 싶어?"

"미국 유학 가서 박사학위를 취득하고 교수가 되고 싶은데 가능할까요?"

"가!"

"예?"

"유학 가란 말이야!"

인사를 드린 후 문들 닫고 나오는 나의 뒤통수에 들릴 듯 말 듯 한마디 툭 던진 말씀이 "성격이 대쪽 같아 교수나 해야지"였습니다. 강사주님의 이 말씀은 나의 마음속에서 오래 남아 있었습니다.

동양성격 유형의 실마리(clue)

대학교에는 학생 지도교수 제도가 있습니다. 대학교수로 재직할 때 저에게 배정된 학생 수는 약 25명이었습니다.

'학생들과 어떻게 대화를 나누는 것이 좋을까?'

'학생들이 고민하고 있는 것은 무엇일까?'

'학생들이 가지고 있는 자신들의 꿈은 무엇일까?' 등을 생각하며 학생들과 대화를 시도하였습니다. 그러나 대부분 학생들은 머뭇거리고 주춤거리며 말문을 열지 않았습니다.

'내가 대화하는 방법이 서투른 것일까?'

'학생들에 대한 관심이 적어서 준비가 부족한 것일까?'

이러한 고민은 상담시간 때뿐이었습니다. 전공수업과 논문준비에 시간이 모자란다는 핑계로 지도교수 역할을 제대로 하지 못한 것에 늘 마음이 아팠습니다.

그래서 정년퇴임 후 청년들에게 멘토가 될 만한 책을 집필하고 싶었습니다. 대화의 시작은 나를 알고 상대방을 알면 쉬울 거라는 생각이 들었습니다. 며칠을 고민하는 동안 오래전 사주를 보았던 강사주님의 성격에 대한 말씀이 문득 떠올랐습니다. '개인의 사주에 그 사람의 성격을 표현하는 글귀가 들어 있을까?' 하는 의문이 생겼고, 평생을 자연과학만을 연구하고 가르쳤던 저는 새로운 도전을 시도하였습니다. 대학 도서관과 시중 서점을 돌아다니며 심리학자들이 집필한 성격과 관련된 많은 책들을 밤과 낮을 가리지 않고 읽고 공부했습니다. 그리고 사주와 관련된 서적들도 수집하여 주의 깊게 살펴보았습니다. 그런데,

놀랍게도 사주학의 상당부분 내용이 심리학에서 말하는 성격특성을 표현하는 글귀로 채워져 있었습니다.

"사람은 타고난 성질(성격)대로 산다."는 속담을 어르신들에게서 여러 번 들었습니다. 그러나 청소년 때는 이 속담을 제대로 이해하지 못했습니다.

"사람은 성격에 따라 자기가 마주하는 상황에서 선택한 행동들이 그 개인의 역사 즉, 인생사를 만들어 낸다."는 말은 많은 성격 심리학자들의 연구에서 밝혀졌습니다.

서양의 성격심리학은 높은 수준으로 발달되어가고 있습니다. 사주학에도 성격특성을 표현하는 용어들이 많습니다. 그러나 서양처럼 성격특성들이 범주화, 체계화가 되어 있지 않았습니다. 더욱이 사주학에는 성격을 표현하는 단어들이 상징적이면서 추상적으로 간단히 기록되어 있습니다. 따라서 필자는 사주학을 토대로 독자들이 자기의 성격을 쉽게 이해하고 활용할 수 있는 방법을 찾아내려고 노력하였습니다. 서양 성격유형론은 사람의 성격을 이해하는데 도움을 주는 간편한 방법입니다. 이러한 서양 5대성격요인모델의 형식과 용어들을 참고하고, 사주학의 음양과 오행성격을 분석하여 필자는 "음양오행성격 유형(typology)"을 창안하였습니다.

음양오행성격 유형은 사주학의 성격특성 단어들을 이해하기 쉽게 구체적인 글귀로 표현하였고, 음양오행성격 유형에 맞추어 성격특성들을 분류하고 체계화하여 정리하였습니다. 서양의 성격유형론과 음양오행성격 유형들은 겉으로 보기에는 다른 것처럼 보입니다. 그러나 서양의 성격심리학자들이 5대성격요인모델이라 부르는 성격 특성들은 중국, 한국, 일본을 포함한 동양에도 존재한다는 많은 증거를 발견하였습니다. 심리학 연구에 따르면 동양인들과 서양인들의 성격에 대한 생각은 매우 비슷하다고 합니다. 서양인들과 동양인들의 성격특성에 대한 표현방법과 활용방법이 다른 원인은 어디에 있을까요? 이러한 원인은 동양과 서양 문화의 기원이 다른데 있는 것으로 생각됩니다.

2장
서양인과 동양인의 성격에 대한 생각

사람은 환경의 자녀입니다

사람은 자연환경 적응에 뛰어납니다. 환경적응은 행동양식을 변화시킵니다. 변화된 행동양식은 새로운 문화를 창조합니다.

중국에는 "맹모삼천지교"라는 교훈적인 이야기가 있습니다. 맹자의 어머니가 자식의 교육을 위해 세 번이나 이사해 성인으로 키웠다는 내용입니다. 맹자가 어렸을 때 공동묘지 가까이 살았는데, 매일 공부는 하지 않고 장사(장례) 지내는 흉내를 따라 하는 것을 본 어머니는 놀라서 시장 가까이로 이사를 했습니다. 그랬더니 이번에는 물건 파는 흉내를 내며 놀았습니다. 맹자의 어머니는 또다시 이사를 결심했고 글방이 있는 곳으로 옮겨 맹자를 공부시켰다고 합니다.

서양인은 사람의 행동은 성격특성에 의해 결정된다고 생각합니다. 그러나 동양인은 사람의 행동을 성격과 환경의 상호작용에 의해 결정된다는 생각이 강합니다.

서양 문화의 원줄기는 고대 그리스 문화

동서양 성격에 대한 생각의 차이는 문화의 차이에서 시작된 것으로 알려졌습니다. 서양문화의 원줄기는 고대 그리스 문화입니다. 그리스의 자연환경은 해안까지 연결되는 바위가 많은 산으로 이루어진 나라입니다. 제한된 초지에서 소규모 목축은 가능했지만 농경정착 생활이 쉽지 않은 곳이었습니다. 그러나 다행스럽게도 지중해 연안은 페니키아인이 개척한 해상무역이 활성화되어 있었습니다. 지중해 연안에 위치한 그리스는 살기 위해 상거래를 시작했고 지중해 해상무역의 중심지가 되었습니다. 쌀농사처럼 공동 작업이 필요하지 않은 목축과 상거래는 개개인이 계획을 세우고 실행을 결정하였습니다. 자연스럽게 그리스인들은 자신의 삶을 스스로 주관하는 독립적인 존재이며, 개성, 자유를 중요하게 여기게 되었습니다. 그리스인들은 종교, 정치적 체계를 가진 다양한 지역 사람들과 상거래를 하면서 사람과 사물을 파악할 때 각각의 특성을 중요하게 생각했습니다.

그리스인들은 사물 특성을 토대로 공동성이 있는 사물(물질+사람)을 분류하여 같은 부류(class)로 범주(category)화 하였습니다. 또한 감각적으로 직감할 수 있는 자연현상의 원인을 설명할 때에도 사물 자체의 특성을 생각하고 헤아렸습니다. 그리스인들은 사람이 살고 있는 지구는 물론이고 우주도 사물들로 구성되었다고 생각했고, 우주는 독립적이고 불연속적인 원자들의 결합으로 믿었습니다.

동양문화의 근원은 고대 중국 문화

중국은 서쪽이 높은 산맥들로 이뤄진 자연환경으로 그곳에서 시작되는 황하와 양자강 유역에는 여러 개의 샛강들 사이에 평야가 있어 논과 밭을 만들기에 유리했습니다. 이렇게 만들어진 평야는 고대 중국인들의 주식인 쌀농사를 짓기에 적합했습니다.

황하와 위수가 감싸고도는 관중평원의 중부에 중국 최초 봉건제도를 실시한 주나라 수도 서안이 있습니다. 관중평원은 강의 범람으로 비옥하고 8개의 샛강이 흘러 농업용수도 충분하여 쌀 생산량이 많았습니다. 8개의 샛강은 서안 주위로 흘렀고, 이 강들을 이용할 수 있어서 서안은 쌀과 생활품이 오가는 터미널이 되었습니다. 지리적 이점과 자연환경 덕분에 주왕국은 중국 최초로 중앙집권적 정치권력 구조와 제도 그리고 사회규범을 갖추고 900여 년을 이어갔습니다.

도시국가 형태의 정치구조와 공화정치의 기원이 된 그리스와는 달랐습니다.

벼농사는 협동 작업이 필수적이어서 농촌은 공동체 삶이었습니다. 마을 공동체 삶은 이웃이 형제처럼 슬픔과 괴로움, 기쁨도 함께 나누면서 서로 의존하는 인간관계 사회를 형성하였습니다. 마을 어르신들은 마을의 크고 작은 일의 멘토와 조정 역할을 하는 존경받는 분들이었습니다. 벼농사는 기후조건이 알맞을 때는 풍년이지만 가뭄, 홍수, 태풍, 우박, 서리 등 자연재해가 발생하면 흉년을 맞이하게 됩니다. 풍년과 흉년은 인간의 힘에 의해 결정되는 것이 아니라 자연섭리에 의해 결정된다고 고대 중국인들은 믿었습니다. 자연섭리에 순종하면 풍년이 오지만 거역하면 흉년이 온다고 생각했습니다.

자연의 섭리를 찾기 위한 고대 중국인들의 노력은 계속되어 주나라 건국 무렵에는 상당한 발전이 있었습니다. 고대 중국인들은 사계절의 어김없는 순환과 그 계절에 맞추어 식물(벼를 포함한 여러 작물 등)과 동물의 생장과정이 밀접하게 관련되어 있다는 것을 알게 되었습니다.

고대 중국인들은 기후가 계절에 따라 변화되며 하늘의 별자리도 월별로 바뀌는 것을 관측하였습니다. 고대 그리스인들은 우주를 개별적이고 독립적인 사물들의 조합으로 생각했으나, 고대 중국인들은 우주의 온갖 사물들과 모든 현상은 그물망처럼 연결되어 있는 유기체로 보았습니다. 이러한 생각은 더욱 깊어져 사람도 소우주 즉, 우주의 축소판이라고 생각했습니다. 더불어 고대 중국인들은 우주의 모든 존재들은 음과 양으로 되어 있다고 믿었습니다. 밤(음)이 있어야 낮(양)이 존재하며 밤과 낮은 꼬리를 물고 도는 순환과정임을 깨달았습니다.

고대 중국인들은 우주의 만물을 형성하는 다섯 원기(five elements)인 목, 화, 금, 수, 토를 토대로 사람이 항상 행동으로 지키고 실천해야 할 바른길, 오행(五行 : 목, 화, 금, 수, 토)을 만들었습니다. 오행을 사계절 특성의 구체적인 행동 기준으로 생각했습니다.

오행의 '목(木)'은 풀과 나무가 겨울잠에서 깨어 생장을 시작하는 봄을 상징합니다. 봄은 생물들이 꿈을 가지고 짝짓기를 하여 자손을 낳고 기르는 사랑의 계절입니다.

오행의 '화(火)'는 에너지가 넘치는 태양의 계절, 여름을 상징합니다. 여름은 열정과 사랑으로 봄에 태어난 자손들을 질서 있는 생장단계에 따라 양육하는 계절입니다.

오행의 '금(金)'은 봄과 여름동안 농부들이 피땀 흘려 가꾼 작물들을 수확하는 계절 가을을 상징합니다. 공동으로 성실하게 재배한 작물의 수확물을 객관적 기준으로 공평하고 평등하게 나눕니다.

오행의 '수(水)'는 농사를 끝내고 모든 가족들이 모여 의사소통하는 겨울을 상징합니다. 할머니는 손자손녀에게 옛이야기를 들려줍니다. 어른들은 한 해 농사에 대한 평가와 다음 해를 준비하고 계획하면서 서로의 의견을 교환합니다. 이런 대화의 과정 속에서 지식과 지혜를 확장시킵니다. 대화는 오해와 불만을 이해시키는 사회생활의 필수과정입니다.

오행의 '토(土)'는 계절의 간기인 2월, 5월, 8월, 11월을 상징합니다. 간절기는 오고 가는 계절의 기후가 섞여있습니다. 2월은 봄 날씨와 겨울 날씨가 섞여서 나타납니다. 그러나 3월이 오면 봄은 우리 곁에 한 발 더 가까이 와 있습니다. 계절의 간기는 계절의 변화를 우리에게 신뢰하게 합니다. 토는 사계절의 기후를 모두 가지고 있습니다.

또한 오행은 상징적인 언어입니다. '목'은 꿈과 사랑, '화'는 정열과 열정, '금'은 성실과 공평, '수'는 의사소통과 지혜, '토'는 신뢰와 포용입니다. 오행의 내용이 오행성격의 토대입니다. '우주의 모든 존재들이 음과 양으로 되어있다.'는 고대 중국인들의 믿음은 사람의 성격도 음과 양으로 구분하였습니다.

동서양의 문화가 다르다고 성격에 대한 생각도 다를까요?

심리학자들의 연구에 의하면 '동양인들과 서양인들의 성격이론은 거의 비슷하다.'고 합니다. 서양의 칼구스타프 융(스위스, 심층심리학자)이 분류한 성격유형인 외향성은 사주학의 양의 성격, 내향성은 음의 성격과 매우 유사합니다. 아래에서 보는 바와 같이 서양의 5대성격요인모델(five-factor model of personality)과 동양의 오행성격 특성도 비슷합니다.

5대성격요인모델 특성	오행성격 특성
외향성(extraversion)	목의 성격 / 외향적, 활동적, 사교적
신경성(neuroticisim)	화의 성격 / 감정적, 신경 예민
성실성(conscientiousness)	금의 성격 / 성실성, 신중함, 책임감
친화성(agreeableness)	수의 성격 / 친화적, 포용력, 겸손
개방성(openness)	토의 성격 / 수용적, 소통원활, 활동적

다만 동양인들과 서양인들의 성격에 대한 생각 차이는 개개인이 선택한 행동을 어떻게 해석하느냐 하는 데 있습니다. 서양인들은 사람의 행동이 그 사람의 성격특성에 의해서만 결정된다고 생각하고, 동양인들은 사람의 행동이 그 사람의 성격특성과 환경 및 상황의 상호 작용에 의해 결정된다고 믿습니다. 이러한 차이는 다른 자연환경과 사회환경에서 만들어진 문화가 근본원인으로 생각됩니다.

3장
당신에게 유용한 성격유형론은?

그리스 철학자 소크라테스는 '너 자신을 알라'라는 명언을 남겼고, 중국의 현인인 손자는 '나를 알고 적을 알면 백번을 싸워도 패배하지 않는다.'라는 명언을 남겨 지금을 살아가는 우리들에게도 아직까지 회자되고 있습니다. 그러나 우리는 삶을 살아가면서 스스로 자기 자신을 알 수 있는 구체적인 방법을 잘 모릅니다.

앨빈토플러는 1970년 발행한 『미래쇼크(Future shock)』라는 책의 집필 목적이 '우리가 개인적, 사회적 변화에 효과적으로 대응할 수 있도록 돕고자 하는 데 있다.'고 말했습니다. 가속화된 사회 변화는 '나' 개인이 어떤 마음가짐이나 행동을 취해야 하는가?라는 물음을 우리에게 던져 주고 있습니다.

우리는 저마다의 성격을 가지고 살아가고 있습니다. 성격은 행동의 근원이 되기도 합니다. 예를 들어 사교적이고 능동적인 사람은 타인들과 함께하는 회사생활이 즐겁고 활력이 넘칠 수도 있습니다. 반대로 내성적이고 수동적인 사람은 타인들과 잘 어울리지 못해 회사생활 적응이 어려울 수도 있습니다.

'나 자신을 안다.'라는 것은 나의 성격특성을 잘 알아내는 것과 같다고 생각됩니다. 나에게 유용한 성격 즉, 장점성격을 찾아 거기에 맞는 목표와 진로를 설정하고 노력한다면 우리는 조금 더 행복한 삶을 살아 갈 수 있지 않을까요?

동·서양 성격유형론 비교

성격심리학자들의 연구로 '나를 아는 방법'이 많이 밝혀졌습니다. 성격심리학 분야에서 최근의 성과를 바탕으로 새로운 르네상스가 진행되고 있는 이유를 다니엘 내틀이 그의 저서에서 밝혔습니다. 첫째 대부분 심리학자들이 동의할 수 있는 '5대성격요인모델' 확립, 둘째 신경과학 발전, 셋째 인간 유전학 발전, 넷째 진화론적 사고 확산입니다.

5대성격요인모델은 성격을 이해하는데 가장 쉽고 간편한 방법입니다. 여러 가지 5대성격 검사는 성격 연구의 도구로 개발되었을 뿐 우리 자신의 성격특성을 확실히 알고 활용하는 도구는 아니라고 합니다. 성격심리학자들은 "성격검사로 개인의 5대성격에 대한 해석이 가능하지만 일반인들은 검사결과를 해석할 때 신중해야 한다"고 언급했습니다.

음양오행 성격유형은 5대성격요인모델을 인용하여 개발한 것이지만 다른 부분도 있습니다. 서양 성격 전문가들은 사람의 행동을 설명할 때 "행위자의 성격특성에 의해 결정된다"고 하였습니다. 5대성격특성들 사이의 서로 주고받는 영향에 대한 연구는 거의 이뤄지지 않았습니다. 5대성격특성들은 각각 독립적인 내용이어서 서로 성격특성 간에 연결 짓기가 쉽지 않기 때문으로 생각됩니다.

동양인들은 "사람의 행동이 성격특성과 상황의 상호작용에 의해 결정된다"고 생각했습니다. 그리고 사람을 소우주로 생각했습니다. 대우주의 순환 운동처럼 우리의 성격특성들도 계절의 순환처럼 순환한다고 생각했습니다. 그리고 사람과 자연도 상호의존적 관계로 보았고 사람의 오행성격특성 간에도 순환적 상호의존 관계가 있다고 생각하게 되었습니다. 오행성격특성의 순환적 상호의존 관계는 상생(서로 도움을 주는 순환적 상호협력 관계)과 상극(넘치는 것은 덜어내고 부족한 것은 채워주는 순환적 상호조절 관계)에 의해 이뤄집니다.

오행성격특성 간에 상생(相生), 상극(相剋)을 활용하려면

사주학(명리학)에서는 오래전부터 오행에서 상생과 상극을 활용하였습니다. 한국어 사전에서 상생상극의 정의는 "음양오행설에서의 오행상생, 오행상극을 이르는 말"로 되어 있습니다. 그리고 대부분 일반인들은 '상생'은 상대를 서로 살리는 관계, '상극'은 상대를 방해하거나 상처를 입히는 관계로 알고 있습니다. 예를 들어보자면 우리는 살아가면서 이런 말을 종종 들어본 적이 있을 것입니다. "너와 나는 서로 상생해야 해", 또는 "저 사람은 나하고 상극이야" 등등. 그러나 필자는 오행간의 상생과 상극을 독자들이 쉽게 이해할 수 있도록 아래 상생·상극도에 실선과 점선을 표시하여 조금은 쉽게 의역하도록 노력하였습니다.

오행성격특성 간의 관계는 서로서로 의존관계입니다.

사계절은 봄에서 여름, 가을, 겨울로 매년 순환합니다. 사계절의 순환을 닮은 것이 상생의 순환적 상호협력 관계입니다. 그러나 상극은 '화'

와 '금'이 자리를 바꾸어 상생과 반대 방향으로 순환됩니다. 상생의 자연스런 행동은 에너지가 적게 듭니다. 상극의 인위적인 행동은 에너지가 많이 필요합니다. 상생은 오행성격특성 사이를 자연스럽게 서로 돕는 관계입니다. 상극은 오행성격특성 사이를 인위적으로 서로 조절하는 관계입니다. 그리고 오행성격특성 간에 넘치는 것을 덜어내고 부족한 것은 채워주는 순환적 상호조절 관계입니다.

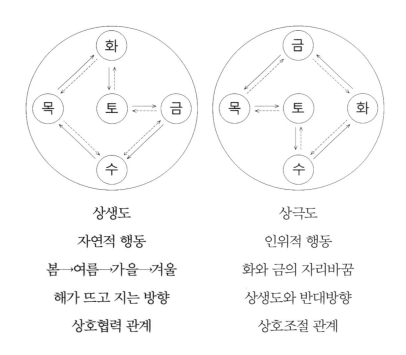

상생도   상극도

자연적 행동   인위적 행동

봄→여름→가을→겨울   화와 금의 자리바꿈

해가 뜨고 지는 방향   상생도와 반대방향

상호협력 관계   상호조절 관계

상생(서로 협력), **상생도 : 사계절 방향**(실선)

① 목의 성격 : 목생화 + 목생수

② 화의 성격 : 화생목 + 화생토

③ 토의 성격 : 토생화 + 토생금

④ 금의 성격 : 금생토 + 금생수

⑤ 수의 성격 : 수생금 + 수생목

상극(서로 조절), **상극도 : 상생도와 반대 방향**(실선)

① 목의 성격 : 목극토 + 목극금

② 토의 성격 : 토극목 + 토극수

③ 수의 성격 : 수극화 + 수극토

④ 화의 성격 : 화극금 + 화극수

⑤ 금의 성격 : 금극목 + 금극화

오행성격은 각각의 특성을 가지고 있습니다. 각각의 성격특성을 단순하게 합치면(1+1+1+1+1=5) 5개에 지나지 않습니다. 그러나 상생과 상극을 활용하여 오행성격을 팀으로 만들어 오행성격특성 사이의 조화를 이루게 하면 그 팀워크의 능력이 배가되며 다양한 잠재력의 실현 가능성이 매우 높아집니다.

4장
음양, 오행성격특성 요약

음과 양의 성격특성 요약

음의 성격 특성(내향성)
① 소극적입니다.
② 방어적입니다.
③ 신중합니다.
④ 폐쇄적입니다.
⑤ 주관적입니다.
⑥ 여성적입니다.

양의 성격 특성(외향성)
① 적극적입니다.
② 도전적입니다.
③ 충동적입니다.
④ 개방적입니다.
⑤ 객관적입니다.
⑥ 남성적입니다.

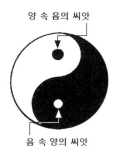

양 속 음의 씨앗

음 속 양의 씨앗

오행성격특성 요약

인간의 성격특성을 설명한 용어는 성격심리학자들이 3,600개로 정리
했습니다. 한국의 한덕웅 교수는 국어사전에서 성격용어로 표현한 단
어를 약 1,000개로 가려냈습니다. 목, 화, 금, 수, 토의 성격용어로 분류
된 기록은 없습니다. 그러나 오행의 성격특성을 표현하는 용어가 오행
에 각각 분포될 가능성은 200개 정도로 생각됩니다. 이 책에서는 오행

성격들의 성격 용어가 많이 사용되는 것들을 선별하였습니다. 성격 내용을 적절하게 표현한 글귀를 7개씩 필자가 요약한 것입니다.

〔목의 성격특성〕

목의 성격 발생 근원은 자연생태계에 적응한 원시사회의 원시인 행동의 중요한 원인이 되는 생존본능입니다. 목의 성격 실마리가 되는 단어(keyword)는 욕구, 욕망, 도전과 꿈입니다.

① 욕심, 욕구, 욕망과 야망 등 비전을 바라보는 꿈 많은 봄을 닮은 성격입니다.

② 호기심, 흥미와 도전정신이 강렬한 용기 있는 행동주의자입니다.

③ 목표 성취를 열망하고 에너지를 성취에 집중하는 의지력이 강합니다.

④ 출세욕, 명예욕은 자신의 가치를 인정받고자 하는 인간과 동물을 구별시키는 중요한 성격특성입니다.

⑤ 객관적인 판단으로 일을 실용적으로 처리하는 경제적 인간입니다.

⑥ 환경과 상황 변화에 카멜레온처럼 적응합니다.

⑦ 외향적, 활동적, 사교적, 낙관적이며 행동파 성격입니다.

〔화의 성격특성〕

화의 성격 발생 근원은 목과 같이 자연생태계에 적응한 원시사회의 원시인 행동의 중요한 원인이 되는 생식본능입니다. 화의 성격특성 실마리가 되는 단어(keyword)는 사랑, 열정, 순발력과 직관입니다.

① 정열적이고 열정이 강렬하며 에너지 넘치는 여름을 닮은 성격입

니다.

② 따뜻함, 돌봄, 연민 같은 사랑(에로스, 필리아, 아가페)의 원천입니다.

③ 신경이 예민하고 원시생활에서 생긴 직감에 의한 자동반응 시스템이 발달했습니다. 외부의 충동에 무의식적으로 행동합니다.

④ 남자의 예감이나 여자의 직감 같은 직관은 보거나 듣는 즉시 깨달음으로 상황을 재빠르게 읽을 수 있어 즉흥적 결단이 빠른 순발력을 가지고 있습니다. 직관은 창조적 작가, 예술가, 과학자의 자질입니다.

⑤ 눈앞에 위협적인 상황 또는 미래의 불확실한 상황에 대해 생리적 반응을 보이는 불안과 두려움을 가집니다.

⑥ 감정적이고 주관적인 판단을 하며 동정적이고 감사하는 마음이 강하고 눈치가 빠른 재주도 있습니다.

⑦ 자신을 보호하기 위한 본능적 표현으로 싸움의 방어 전략과 응집된 에너지 덩어리인 분노는 용기를 위장한 전술입니다.

〔금의 성격특성〕

금의 성격 발생 근원은 인간이 만들어낸 사회생태계에 적응한 농업·산업사회의 문명인 행동의 중요한 원인이 되는 사회본능입니다. 금의 성격특성 실마리가 되는 단어(keyword)는 성실, 합리적사고, 인내심과 학습능력입니다.

① 논리적이고 공평하며 객관적 판단을 합니다. 서늘한 가을을 닮은 성격입니다.

② 외부의 제약에 구속받지 않고 목표를 세우고 실행할 수 있는 의지력이 강합니다.

③ 정신적, 육체적 고통을 참고 견디는 인내심과 끈기가 강합니다.

④ 책임감, 신중함과 자제력이 강합니다.

⑤ 참되고 공평하며 거짓 없고 성실한 도덕적 성격입니다.

⑥ 학습속도가 빠르며 과거 경험과 배움으로 얻은 지식과 지혜를 갖추어서 상황에 대해 정확한 분석과 사실에 근거한 객관적 판단을 합니다.

⑦ 모두에게 평등하고, 솔직합니다. 일에 대한 노력과 집중력이 높습니다. 융통성이 부족합니다.

〔수의 성격특성〕

수의 성격 발생 근원은 금과 같이 인간이 만들어낸 사회생태계에 적응한 농업·산업사회의 문명인 행동의 중요한 원인이 되는 사회본능입니다. 수의 성격특성 실마리가 되는 단어(keyword)는 친화성, 유연성과 공감능력입니다.

① 주위로부터 마음에 충동과 자극을 받아도 흔들리지 않고 천연스럽게 행동하는 유연성이 있습니다. 지혜의 계절, 겨울을 닮은 사회본능 성격입니다.

② 현실적 감각이 뛰어나고 사물에 대한 사실에 근거하여 객관적인 판단을 하며, 상황과 환경 변화에 적응력이 강합니다.

③ 깊은 물처럼 생각이 깊어 실행할 수 없는 것으로 보이는 상상의 시간을 보내는 성격입니다. 깨달음과 통찰력이 뛰어나 학자로 성공할 가능성이 높습니다.

④ 포용력, 겸손, 친화력이 있어 인간관계가 원만합니다.

⑤ 연민과 동정심이 많아 이타적인 성격입니다. 남을 잘 배려합니다.

⑥ 타인의 마음을 읽고 타인의 감정을 느끼는 공감능력이 뛰어납니다.

⑦ 융통성이 있어 상황에 맞추어 일처리를 하는 재주가 뛰어납니다.

〔토의 성격특성〕

토의 성격 발생 근원은 목, 화와 같은 생물본능과 금, 수와 같은 사회본능이 함께 존재합니다. 또한 산업·정보화 사회의 현대인 행동에 중요한 원인이 되는 개인발달 본능(개인성숙)도 토의 성격 근원입니다. 토의 성격특성 실마리가 되는 단어(keyword)는 열린 마음, 포용, 신뢰와 지도력입니다.

① 대지가 만물을 공평하게 받아들이는 것처럼 포용력이 있습니다.

② 책임감이 강하고 정직하며 신뢰감을 줍니다.

③ 소통이 원활하고 활동적이며 믿음, 의리, 공평, 부드러움과 열정이 있어 리더십이 강합니다.

④ 인내력, 끈기, 자기 확신과 성취욕이 강해서 주어진 일을 끝까지 해냅니다.

⑤ 말솜씨가 뛰어나며, 총명과 지혜로 세상변화에 대처해 나갑니다.

⑥ 경험과 옛 지식에서 자유로워 새로운 아이디어를 창출해 내고 타인의 혁신과 아이디어도 기쁘게 받아들입니다.

⑦ 인간관계를 중요하게 생각합니다. 친구와 소통이 원활합니다.

5장
오행성격의 분석과 활용

사주 속에 숨어 있는 삶의 지혜 발견

사과는 수백 년 동안 대지에 떨어졌으나 뉴턴이 이 광경을 주의 깊게 보기 전까지는 어떤 사람도 그 의미를 몰랐습니다. 증기는 모든 가정의 주전자에서 힘차게 내뿜어졌으나 증기 기관차를 상상한 사람은 제임스 와트 이외는 없었습니다.

사주는 수십 세기 동안 인간의 과거, 현재, 미래의 길흉화복을 알고 싶어 하는 욕구에 대한 응답으로만 사용되었습니다. 사주학 속에는 옛 현인들의 세상을 살아가는 밑바탕이 되는 슬기와 지혜가 성격을 표현하는 단어로 여기저기 흩어져 있었습니다. '구슬이 서 말이라도 꿰어야 보배다.'라는 속담이 있습니다. 성격과 관련된 단어들을 구슬처럼 속성에 따라 범주화하고 체계화해야 숨겨진 지혜의 모습이 드러납니다.

사주 8자는 1장에서 설명한 바와 같이 사람의 태어난 연도, 월, 일, 시에 따라 천간과 지지라는 두 종류의 간지를 조합하여 만들어집니다. 자신의 생년월일시에 따라 음양오행의 분포 수가 나타나는데, 예를 들어 '음 4개, 양 4개'와 오행 즉 '목 2개, 화 2개, 금 2개, 수 1개, 토 1개'와 같이 음양 8개, 오행 8개로 분석됩니다. 필자는 여기에서 분포된 오행 각 항목의 개수에 따라 자신의 성격을 장점과 약점성격으로 나누어 분석하려고 노력하였습니다. 즉, 사주 8자에 나타난 오행의 평균 분포 수 1.6개(8÷5)를 중간, 2개 이상이면 상(장점성격), 1개 이하면 하(약점성격)와 같이 3단계로 나누어 표현하였습니다.

우리가 일상생활에서 어떤 상황을 맞이할 때 힘들이지 않고 자연스럽게 행동을 하는 횟수가 중간단계보다 많이 드러나는 경우가 장점성격입니다. 중간단계보다 행동의 횟수가 적게 드러나는 경우는 약점성격입니다. 우리의 매일매일 나타나는 행동들이 장점성격에서 비롯된 것인지, 약점성격에서 비롯된 것인지 알아차리기는 쉽지 않습니다. 그러나 자기의 행동들을 주의 깊게 살펴보면 장점 또는 약점성격에서 비롯된 것인지 점차 알아갈 수 있습니다. 장점성격이 자신의 재능으로 연결될 수 있으니 잘 연마할 필요가 있습니다.

당신의 성격 알기

당신의 사주 8자를 통해 성격을 알아볼 수 있는 방법은 아래와 같습니다.

① 인터넷 주소창에 "김재철.net"을 입력하고 접속
② 내 성격 알기 클릭
③ 양력생일, 음력생일 구분 탭에서 선택
④ 자신의 생년월일시 입력
⑤ 조회를 클릭하면 자신의 음양오행 분포수가 나타남
⑥ 우측 하단에 음과 양 / 목, 화, 금, 수, 토의 숫자 확인

〔음양오행에 따른 내 성격 분석_예시〕

■ 음양의 분포 수에 따른 분석

음 4개, 양 4개 : 내향성과 외향성 성격이 비슷하게 나타납니다.

음 5개, 양 3개 : 내향성 성격이 조금 더 나타납니다.

음 3개, 양 5개 : 외향성 성격이 조금 더 나타납니다.

음 6개, 양 2개 : 밖에서의 활동보다 방안 생활을 많이 합니다.

음 2개, 양 6개 : 방안 생활보다 밖에서의 활동이 많습니다.

음 7개 이상 : 대부분의 시간을 방 안에서 보냅니다.

양 7개 이상 : 대부분의 시간을 밖에서 보냅니다.

■ 오행의 분포 수에 따른 분석

2개 이상 분포된 오행성격특성은 자기의 장점성격입니다.

1개 이하 분포된 오행성격특성은 자기의 약점성격입니다.

■ 김재철.net에서 검색한 필자의 음양오행 분포 수와 성격 분석 예시

생년월일시 : 1944년 4월 6일 오전 8시 30분(윤달)

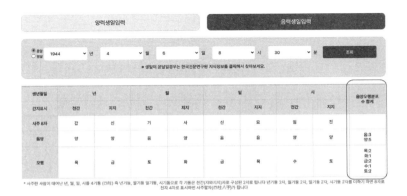

음 3개, 양 5개 : 상황에 따라 외향성 행동이 내향성 보다 조금 많이 나타납니다.

목 2개, 화 1개, 금 2개, 수 1개, 토 2개 : 이 책의 뒤에 정리한 성격모델30개 분석 중 15번째 모델과 같습니다. 저와 비슷한 장점성격을 가진 분이 최고의 조각가이자 미술가인 미켈란젤로(목 3개, 금 2개, 토 3개)입니다.

우리는 모두 특별한 재능을 가지고 있습니다

필자가 독자들의 오행성격특성을 이해하기 쉽게 설명하고자 뒤에 30개의 성격모델을 만들어 제시하였습니다. 자기의 장점성격과 같거나 비슷한 모델을 찾아서 읽어 보십시오. 자기의 장점성격이 당신의 재능입니다.

당신은 야망을 품은 목표가 있습니까? 우리는 하루의 일을 계획하는 것부터 삶의 단기, 중기 목표는 물론 인생의 전반적 목표까지를 세우며 살아가고 있습니다. 때로는 부모님이나 존경하는 선생님, 친인척 등 내가 아닌 주변의 조언에 따라 인생의 목표를 설정하기도 하고 내가 주인공이 되어 장래 꿈꾸고 있는 무언가를 위해 목표를 결정할 수도 있습니다.

목표를 설정한 이유가 무엇이든 우리는 그 목표를 이루기 위해 노력하고 있습니다. 만약, 우리가 목표를 달성하기 위해 달려가는 방향에 나의 장점성격인 재능을 알고 활용한다면 보다 나은 달리기가 되지 않을까요?

당신은 자기의 재능을 알고 있습니까? 재능은 IQ와 다릅니다. 다른 사람보다 능숙한 분야 또는 소질이 당신의 재능입니다. 당신이 오행성격특성을 제대로 이해한다면 당신의 재능을 깨닫기가 쉬워질 것입니다. 누구나 자기의 오행성격특성, 즉 목, 화, 금, 수, 토 중 2~3개의 장점성격을 가지고 있습니다. 당신의 장점성격인 재능과 목표가 꼭 들어맞을 때 마음이 움직이고 모든 일에 신바람 나도록 기쁘게 임할 수 있어 목표를 추구하게 됩니다.

일반적으로 우리의 재능은 대부분 계발되지 않아서 학교나 일터에서 쉽게 나타나지 않습니다. 일단 발견한다 해도 그 재능은 생것(raw stuff)이고 전혀 계발되지 않은 것입니다. 그 재능을 최대로 발휘하기 위해서는 힘겨운 교육과 훈련이 필요합니다. 재능 계발은 누구나 노력으로 가능합니다. 재능 계발의 좋은 본보기가 되는 아래의 실례가 있습니다.

석공의 아들로 태어난 미켈란젤로는 소년시절부터 아버지에게 돌을 깎는 기술을 배우고 있었습니다. 어느 날 오전에 메디치-가(문예 부흥기에 이탈리아의 프로렌스와 토스카나를 지배하면서 문예부흥에 크게 기여함)의 로렌스 1세가 돌을 깎고 있는 소년을 보고 물었습니다.

'애야, 돌을 왜 깎고 있니?'

'예, 조각품을 만들려고요!'

'조각품이 완성되면 나한테 보여주렴.'

다음 날 오전 로렌스 1세가 소년 미켈란젤로가 완성해 놓은 조각품을 보고 깜짝 놀랐습니다.

'어떻게 이렇게 빨리 조각품을 만들었니?'

'어르신과 약속을 지키려고 밤새워 만들었어요!'

로렌스 1세는 미켈란젤로의 잠재성과 성실성에 감탄하였고, 소년 미켈란젤로를 전문 조각가에게 맡겨 체계적인 교육과 훈련을 시켜 위대한 조각가로 성장시켰습니다. 미켈란젤로는 〈다윗(Divid)의 거상〉 등 여러 개의 대리석상을 남겼습니다. 재능을 갖춘 사람들은 자기의 여러 가지 잠재력을 가장 크게 이끌어 낸다고 합니다. 시스티나 성당의 〈최후의 심판〉 그림은 미켈란젤로가 화가로서 재능을 발휘한 최고의 작품입니다.

당신의 재능을 세상에 보여줄 가장 적합한 기회와 장소, 그리고 그 환경을 찾는 일도 매우 중요합니다. 미켈란젤로가 석공으로 일하던 마을은 로렌스 1세가 살고 있던 문예부흥의 중심지인 프드렌스 부근이었기 때문에 로렌스 1세를 만날 수 있었고 일생일대의 기회를 얻을 수 있었던 것입니다.

당신의 유일한 재능을 사랑하는 방법

첫째, 당신은 자신의 재능을 믿는 순간 내부에서 솟아오르는 열정을 느낄 것입니다. 불꽃같은 열정은 어떤 일이라도 해낼 수 있다는 자신감이 생깁니다. 또한 자신감은 스스로의 재능 계발을 위한 행동을 보여주게 합니다.

둘째, 이 책의 성격모델30개 중에서 자기의 재능인 장점성격특성의 구체적인 글귀를 매일 외우고, 이해하고, 몸에 익히는 준비가 필요합니다. 당신은 아기였을 때 엉금엉금 기다가 일어서는 연습을 하였습니다. 그리고 수십 번을 넘어지면서 걷기를 배웠고 이제 당신은 뛰고 달리고 있습니다. 저 높은 산의 정상을 오를 준비가 되어 있습니다.

셋째, 재능 계발은 배움과 훈련으로 완벽해집니다. 배우고 익히려는 강렬한 욕망은 재능 계발을 계속 이어나가게 하는 원동력이며, 다른 사람들의 새롭고 다양한 아이디어를 받아들일 수 있는 마음의 문을 활짝 열어 놓습니다.

넷째, 당신의 재능을 세상에 보여줄 가장 적합한 장소와 기회를 찾는 데 항상 노력해야 합니다. 당신의 목표를 이루기 위해서는 안주하지 않고 때로는 집을 벗어나 당신의 타고난 재능을 필요로 하는 새로운 환경을 찾아 도전하고 달려야 합니다.

카네기는 스코틀랜드를 떠나 미국에서 철강왕이 되었습니다.

청색 LED를 발명해 노벨물리학상을 수상한 나카무라슈지 교수는 일본을 떠나 미국에서 그의 꿈을 이뤘습니다. 지금은 당신의 재능에 맞고 발휘할 수 있는 영역이 존재할 가능성이 매우 높은 시대가 왔습니다. 당신의 재능을 기다리고 있습니다.

성격에 의한 세 가지 행동 근원

성격에 의한 행동에는 세 가지 유형이 있습니다.(David S. 저서, 젊은이 현장) 첫 번째로 자연법칙에 따른 자연스러운 행동, 두 번째로 사회적인 행동, 그리고 세 번째는 개인적인 행동입니다.

자연스러운 행동에 대해서는 성격심리학자 Brian R. Little이 저서에서 세 가지 유형을 말했는데 생물 발생적 근원, 사회 발생적 근원, 특수 발생적 근원(개인의 목표와 자유특성)입니다.

필자는 위 두 심리학자의 행동에 대한 견해를 참고하여 오행성격특성에 행동의 종류를 응용하여 활용했습니다.

첫째, 목과 화의 성격 근원은 자연환경에 적응한 원시사회 원시인의 행동에 중요한 원인이 되는 생물본능입니다.

둘째, 금과 수의 성격 근원은 인간이 만들어 낸 사회환경에 적응하여 순화된 농업·산업사회 문명인의 행동에 중요한 원인이 되는 사회본능입니다.

셋째, 토의 성격 근원은 생물본능과 사회본능이 순화되어 산업·정보화사회 현대인의 행동에 중요한 원인이 되는 개인발달본능(개인의 성장과 성숙)입니다.

우리는 자기의 마음에 끌리는 일을 할 때 만족감을 느낍니다. '끌림'은 당신의 내면에서 부르는 생물본능의 소리를 듣고 응답하는 마음입니다. 좋아하는 일은 누구나 즐기면서 합니다. 하고 싶은 일을 할 때 신바람이 납니다. 자기의 장점성격, 즉 재능에 맞는 일은 마음에 끌리고 즐기며 열중하게 됩니다. 마음이 끌리는 대로 따라가는 것, 당신의 성격에 잠재된 장점성격(재능)인 본능적 지식과 지도가 당신의 인생여정을 즐겁게 이끄는 나침반입니다.

성격특성 30개 모델

30개의 성격모델에 대하여 각각 성격특성을 설명하였습니다. 독자들의 이해를 돕기 위해 각 모델과 성격특성이 비슷한 세계 유명인사의 성격특성도 설명하였습니다. 독자들은 자기의 장점성격(재능)을 기준으로 30개 성격모델 중에서 비슷한 장점성격을 가진 모델을 선택하여 읽고 활용하십시오. 각 성격모델에 있는 유명인사의 성격특성은 여러 자료와 사주팔자를 토대로 필자가 직접 분석한 것입니다.

성격모델_1

모델1의 오행성격특성은 목2개, 화2개, 금2개, 수1개, 토1개입니다.

당신의 목표는 당신의 행동 나침반

당신의 오행성격특성을 제대로 이해하는 것은 당신의 야망을 품은 목표를 찾아내는 데 도움이 됩니다. 당신의 타고난 재능인 오행장점성격과 당신이 계획한 목표가 꼭 들어맞을 때 그 목표에 대해 마음이 끌리게 됩니다. 즉, 신바람이 나서 즐거운 마음으로 시간 가는 줄 모르고 당신의 재능에 맞는 목표를 추구하게 됩니다. 또한 당신은 목표를 추구하고 이루기 위해 무의식적으로 강렬한 열정이 솟아납니다. 당신은 당신의 재능을 세상에 보여줄 수 있는 가장 적합한 장소와 기회가 있는 곳, 그리고 그곳의 사회환경을 합리적 사고로 정확하게 살펴보아야 합니다. 그러면 당신은 자연스럽게 그 목표를 추구하고자 하는 의지력이 강해지고 목표의 생명력이 길어집니다. 당신의 목표가 당신의 행동 나침반이 됩니다.

모델1의 장점성격은 목의 욕구, 욕망, 도전과 꿈, 화의 열정, 직감과 창의력 그리고 금의 합리적 사고, 성실함과 학습 능력입니다. 이 3개의 장점성격이 하나의 테마에 초점이 맞추어져 목표가 설정되었습니다. 이 목표가 모델1의 행동의 나침반이 되었습니다. 모델1과 비슷한 장점성격을 가진 호찌민, 투유유와 간디를 살펴보겠습니다.

베트남 독립의 할아버지 호찌민

호찌민의 이름은 유학자인 아버지가 지은 것입니다. '국가·민족을 위해 품은 뜻을 빛내는 해와 달이 돼라'는 의미입니다. 호찌민의 사주를 보고 작명한 것으로 생각됩니다.

호찌민은 14세까지 아버지에게 한자와 유학을 열심히 공부하였습니다. 배움에 대한 열정이 높은 호찌민은 특히 역사와 고전에 지식이 매우 넓고 깊었습니다. 그는 15세에 프랑스어 문법학교에 입학하였습니다. 그는 졸업 후 소학 교사를 하였습니다. 그는 교사로서 사회인이 되면서 식민지 국민의 압박과 설움을 뼈저리게 몸으로 느꼈습니다.

20대 초반 그의 분노와 사랑은 베트남을 프랑스로부터 독립시키겠다는 인생 목표를 확립한 것으로 생각됩니다. 그는 조국 독립을 실현하기 위해 구체적인 행동계획을 세우고 행동에 옮깁니다. 프랑스에 대한 현재 상황과 정보가 필요했습니다. 호찌민은 프랑스로 건너가기 위해 요리사훈련을 한 후 프랑스 여객선의 요리사가 되었습니다. 프랑스에 도착 후 바로 미국, 영국, 유럽제국 등 그리고 아프리카의 프랑스 식민지 현황을 조사하였습니다. 호찌민은 독립운동 준비에 8년을 보냈습니다.

호찌민은 프랑스에 돌아와 사회당에 입당하였습니다. 얼마 후 사회당을 탈당하고 공산당에 입당하였습니다. 그는 언론을 통해 간접적으로 독립운동을 하였습니다. 그러나 프랑스의 감시와 박해가 심해지자 1923년 모스크바로 피신하였습니다. 소련에서 동방 노력자공산대학, 국제 레닌학교를 졸업했습니다. 그 후 호찌민은 베트남에 잠입한 후 1930년 1월 공산당을 조직하였습니다. 호찌민은 공산당원들과 독립운동을 계속하여 1945년 9월에 베트남 민주공화국을 수립하였습니다.

호찌민의 생애는 오행의 장점성격(재능)을 제대로 발휘한 매우 알맞은 실례입니다. 장점성격인 목은 야망을 품은 목표 세움과 끊임없는 도전과 실용적이고 전략적 판단으로 고난과 위기를 극복한 행동주의의 본보기입니다. 장점성격인 '화'는 조국에 대한 열렬한 사랑과 조국 미래의 비전을 직관으로 깨달아 흔들림 없이 독립운동에 매진하였습니다.

장점성격인 '금'은 조국 독립을 향한 성실하고 체계적인 준비와 집착, 그리고 인내심과 끈기를 제대로 발휘하였습니다. 호찌민은 외교에 필수품인 외래어를 배우고 몸에 익히는 학습 속도에 천재적 재능을 보여주었습니다.(장점성격, 금)

노벨생리학상을 수상한 중국의 투유유(屠呦呦) 교수

투유유 교수는 개똥쑥에서 아르테미시닌을 추출하여 말라리아 특효약을 만들었습니다. 투유유 교수는 이 공로로 2015년 노벨생리학상을 수상했습니다. 투유유 교수의 이름은 독특한 이미지를 느끼게 합니다. '유유'는 중국의 고전인 『시경』「소아」에 있는 '사슴이 울면서'라는 시의 첫 구절 '사슴이 눈물을 흘리며 들녘에서 해쑥을 뜯네'에서 인용한 것으로 알려졌습니다. 최근까지 한자문화권에서는 자녀의 이름을 사주에 맞추어 짓는 오래된 풍습이 있습니다. 그녀의 이름이 그녀의 운명을 예언하는 듯한 느낌이 듭니다. 그녀는 이른 봄의 찬바람에 눈물을 머금으며 새로 돋아난 개똥쑥을 찾아 들녘을 사슴처럼 누빈 것으로 생각됩니다.

투유유는 베이징의 학원 약학과에서 식물학, 본초학, 식물분류학 등을 전공했습니다. 그 당시 영국 런던 대학교에서 시스템 약학 박사 학위를 받고 귀국한 루지센 교수의 약학 수업을 받았습니다. 졸업 후 중의 연구원으로 활동했습니다. 그녀는 중국 정부의 말라리아 치료제 개발에 연구원으로 참여하였습니다. 그녀는 이 치료제 개발에 마음이 강하게 끌림을 받은 것으로 생각됩니다. 아마 이때 그녀는 삶의 목표를 이 치료제 개발로 확고하게 정한 것으로 생각됩니다.(장점성격, 목) 이 목표를 추구하면서 그녀는 예민하고 강력한 열정이 솟아나는 것을 느꼈을 것입니다.(장점성격, 화)

투유유는 합리적 사고로 중의학서들을 두루 살펴보았습니다. 그녀는 340년경에 갈홍이 펴낸 중국 고대 의학 서적 「주후비급방」에 언급된 말라리아에 개똥쑥이 효능이 있다는 사실을 발견하게 됩니다.(장점성격, 금)

약초에서 치료에 유효한 성분을 추출하는 데는 에탄올(비등점 78.3℃)을 용매로 사용하였습니다. 그러나 약학과 화학을 전공한 투유유는 창의력을 발휘하여 에탄올보다 비등점이 높은 에테르(비등점 130~140℃)를 용매로 사용하여 유효성분을 추출하는 실험을 저온에서 시작하였습니다.(화의 장점성격인 창의력) 191번 실험 만에 '아르테미니신' 추출에 성공하였습니다. 투유유는 이 연구 업적으로 2015년 노벨생리의학상을 받았습니다.

비폭력운동의 대명사 인도의 마하트마 <u>간디</u>

간디는 인도의 명문가에서 출생하였습니다. 그는 고행의 훈련과 생물을 함부로 죽이는 것을 금지하는 자이나교 교육을 받았습니다. 아버지는 아들의 말을 믿어주고 감싸주는 분이었습니다. 어머니는 믿음이 강한 힌두교 신자였습니다. 이러한 부모님 밑에서 성장한 간디는 정직하고 성실한 성격을 가지게 되었습니다.

간디는 영국에 유학을 갔습니다. 간디는 런던대학교에서 법학을 전공하여 변호사 자격을 취득하였습니다. 남아프리카공화국에서 변호사 생활을 하며 백인들에게 차별당하는 동족들을 보고, 독립운동을 삶의 목표로 정하게 되었습니다. 1894년 7월, 40대 중반의 간디는 독립운동·정치가로 변신합니다. 남아프리카 더반에서 간디는 '나탈 인도 국민회의'를 창설하였습니다. 그는 인도인의 단결심을 북돋우고 독립정신을 가르쳐 깨닫게 하였습니다.

제1차 세계대전이 일어나자 귀국하여 노동운동, 민족해방운동의 지도에 전념하였습니다. 그는 비폭력주의 처지에서 비협력, 불복종주의로 영국 식민통치에 맞섰습니다. 그는 독립운동을 전국적으로 넓혀갔습니다. 그는 독립정신을 북돋우며 애국정신의 불길을 타오르게 하였습니다.

1947년 8월 15일 인도는 독립했습니다. 그러나 이슬람교도들은 파키스탄으로 힌두교들은 인도로 민족분열이 되었습니다. 간디는 이슬람교도와 힌두교도를 독립정신 테두리 안에 운명공동체를 만들려고 노력했습니다. 그러나 간디는 힌두교 극진파 청년에게 암살당했습니다.

간디는 조국독립을 향한 열정과 야망(장점성격, 목), 목표성취를 위한 넘치는 열정과 사회개혁의지(화의 장점성격), 성실하고 정직하게 인내심과 끈기로 인도 독립을 이끌었습니다.(장점성격, 금) 아가페적 사랑(장점성격, 화)으로 인도를 사랑공동체로 만들려고 노력했습니다. 4개의 장점성격이 한 개의 테마, 독립운동에 초점을 맞추어 이루어낸 성취로 재능을 극대화시킨 본보기입니다.

오행성격특성의 팀워크는 당신의 성취 열쇠

모델1의 오행성격특성 팀워크는 오행약점성격을 상생으로 보완하여 팀의 능력과 잠재력을 높일 수 있습니다. 팀은 오행장점성격을 상극으로 조절해서 오행성격특성 사이의 조화가 이루어지게 합니다. 팀의 상생과 상극활용으로 팀의 성취를 이루어 낼 수 있습니다.

모델1의 오행성격의 수와 토는 사주 8자에 분포수가 각각 1개로 오행성격 평균분포수 1.6개(사주 8자÷오행 5자=1.6개)인 중간단계보다 적은 약점성격입니다. 장점성격인 목과 금이 수와 상생관계이므로 수에게 충분한 도움을 주어 수의 오행성격특성의 역할을 중간단계 가까이 끌어올릴 가능성이 매우 높습니다.(목생화+금생화) 장점성격인 화와 금은 토와 상생관계이므로 토에게 상당한 도움을 주어 토의 오행성격특성 역할을 중간단계 가까이 끌어올릴 가능성이 매우 높습니다.(금생토+화생토) 수와 토의 역할이 강화되어 팀의 성취에 적지 않은 도움을 줄 수 있게 되었습니다. 금은 목·화와 상극관계입니다. 금은 목의 과도한 욕심, 욕망과 경솔한 행동을 조절해 줍니다.(금극목) 금은 화의 신경과민과 불안감을 완화시키는 멘토 역할을 합니다.(금극화) 목은 금의 머뭇거리는 행동을 조절해 주고(목극금) 화는 금의 냉정한 행동을 정감 있는 행동으로 바꾸도록 멘토를 해줍니다.(화극금) 호찌민, 간디, 투유유는 그들의 오행성격특성의 팀워크로 자기들의 성취 열쇠를 가지게 되었습니다.

당신은 상생과 상극을 활용하여 당신의 오행성격특성 사이의 조화를 이루게 하면 당신의 오행성격특성 팀워크 능력이 배가 되며 당신의 다양한 잠재력을 실현하게 될 가능성이 높아집니다. 당신은 오행성격특성의 팀워크로 당신은 자기성취의 열쇠를 가지게 됩니다.

이기적 행동과 이타적 행동의 균형은 당신의 행복 열쇠

인간의 생물본능은 자연환경의 창조품입니다.
인간의 사회본능은 사회생태계의 창조품입니다.
오행의 '목'과 '화'의 성격특성행동은 인간의 생물본능이 근원입니다.

오행의 '금'과 '수'의 성격특성행동은 인간의 사회본능이 근원입니다. 인간의 이기적 행동은 '목'과 '화' 성격에서 태어났습니다. 인간의 이타적 행동은 '금'과 '수' 성격에서 태어났습니다.

이기적 행동을 하는 사람은 재산, 명예, 지위 등 자아성취에 몰두할 가능성이 높습니다. 이타적 행동을 하는 사람은 다른 사람들을 더 많이 돕고 다정하며 이해심이 깊고 선행을 즐깁니다. 그러나 자기 성취의 가능성은 낮습니다. 공중에 친 밧줄 위로 안정되게 줄타기하는 곡예사는 장대를 들고 무게 중심을 좌우로 계속 옮기면서 걷습니다. 관객들의 마음은 조마조마하지만 곡예사는 균형을 잘 잡으며 걷습니다. 줄타기 기술은 장대의 무게 중심을 계속해서 좌우로 옮기는 데 있습니다. 이렇게 역동적 균형을 유지합니다.

대부분의 사람은 매일매일 상황에 따라 이기적 행동과 이타적 행동의 균형을 유지합니다. 이기적 행동과 이타적 행동 중 하나가 어느 한쪽으로 기울어져 있으면 대부분 사람은 행복한 마음에 머물러 있기가 어렵습니다. 이기적인 행동과 이타적 행동의 균형을 맞추려는 노력을 일상생활에서 계속하면 우리는 행복한 마음으로 생활할 수 있습니다. 당신은 손안에 행복의 열쇠를 쥐고 있습니다.

모델1의 성격 소유자는 이기적인 행동의 뿌리인 장점성격 목과 이타적 행동의 뿌리인 장점성격인 금과 균형을 이루었습니다. 호찌민과 간디는 이기적 행동의 뿌리인 장점성격 목과 이타적 행동의 뿌리인 장점

성격 금과 균형을 이루었습니다. 투유유는 이기적 행동의 뿌리인 장점
성격인 화와 이타적 행동의 뿌리인 장점성격 금과 균형을 이루었습니
다. 모델1의 성격 소유자와 호찌민, 간디, 투유유는 손안에 행복의 열쇠
를 쥐고 있습니다.

우리는 타고난 생물본능과 사회본능을 우리의 마음속에 함께 가지
고 있습니다. 이것이 인간(人間)의 숙명(fate)입니다.

모델2의 오행성격특성은 목2개, 화2개, 수2개, 금1개, 토1개입니다.

당신의 목표는 당신의 행동 나침반

당신의 오행성격특성을 제대로 이해하는 것은 당신의 야망을 품은 목표를 찾아내는 데 도움이 됩니다. 당신의 타고난 재능인 오행장점성격과 당신이 계획한 목표가 꼭 들어맞을 때 그 목표에 대해 마음이 끌리게 됩니다. 즉, 신바람이 나서 즐거운 마음으로 시간 가는 줄 모르고 당신의 재능에 맞는 목표를 추구하게 됩니다. 또한 당신은 목표를 추구하고 이루기 위해 무의식적으로 강렬한 열정이 솟아납니다. 당신은 당신의 재능을 세상에 보여줄 수 있는 가장 적합한 장소와 기회가 있는 곳, 그리고 그곳의 사회환경을 합리적 사고로 정확하게 살펴보아야 합니다. 그러면 당신은 자연스럽게 그 목표를 추구하고자 하는 의지력이 강해지고 목표의 생명력이 길어집니다. 당신의 목표가 당신의 행동 나침반이 됩니다.

모델2의 장점성격은 목의 야망, 도전, 호기심과 꿈, 화의 열정, 창조력과 순발력 그리고 수의 친화력, 통찰력과 공감이 하나의 테마에 초점이 맞추어져서 목표가 설정되었습니다. 이 목표가 모델2의 나침반이 되었습니다. 모델2와 비슷한 장점성격을 가진 슈베르트를 살펴보겠습니다.

'음악에는 시가 있고 시에는 음악이 있다' 슈베르트

슈베르트의 오행성격은 목2개, 화3개, 수2개, 금0개, 토1개로 모델2의 오행성격과 비슷합니다.

음악을 좋아하는 아버지는 슈베르트가 음악에 재능이 있음을 발견하였습니다. 슈베르트는 5살부터 악기 교육을 받아 교육과 훈련으로 재능을 갈고닦았습니다. 슈베르트는 18세 때 괴테의 시에 곡을 붙인 〈마왕〉, 〈휴식 없는 사랑〉, 〈들장미〉 등 많은 독일 리트형식의 가곡을 작곡합니다. 풍부한 선율에 의한 서정미와 간결미로 독일 리트 가곡의 창시자입니다.

〈아름다운 물방앗간의 처녀〉, 〈백조의 노래〉, 〈아베마리아〉, 〈겨울여행〉 등 600여 편의 가곡과 13편의 교향곡, 소나타, 오페라 등을 작곡했습니다. 슈베르트는 대중을 향한 작품을 발표한 베토벤을 특히 존경하였습니다. 그가 '시와 음악의 융합'으로 귀족 음악을 대중화한 가곡은 새로운 음악 분야, 리트(가곡)를 창안한 음악의 천재라 생각됩니다. 천재는 왜 젊은 나이에 세상을 떠났는가? 그의 요절한 원인은 그의 성격 안에 있는 것으로 생각됩니다.

<u>오행성격특성들의 팀워크는 당신의 성취 열쇠</u>

모델2 오행성격특성 팀워크는 오행약점성격을 상생으로 보완하여 팀의 능력과 잠재력을 높일 수 있습니다. 팀은 오행장점성격을 상극으로 조절해서 오행성격특성들 사이의 조화가 이루어지게 합니다. 팀이 상생과 상극의 활용으로 팀의 성취를 이루어 낼 수 있습니다.

　모델2 오행성격의 금과 토는 사주 8자에 분포수가 각각 1개로 오행성격 평균분포수 1.6개(사주 8자÷오행 5자=1.6개)인 중간단계보다 적은 약점성격입니다. '성격강점'인 화가 토와 상생관계이므로 토에게 상당한 도움을 주어 토의 오행성격특성의 역할을 중간단계 가까이 끌어올릴 가능성이 있습니다.(화생토)

　장점성격인 수와 금은 상생관계이므로 금에게 상당한 도움을 주어 금의 오행성격특성의 역할을 중간단계 가까이 끌어올릴 가능성이 있습니다.(수생금)

　금은 목·화와 상극관계입니다. 금은 목의 과도한 욕심, 욕망과 경솔한 행동을 조절해 줍니다.(금극목) 금은 화의 신경과민과 불안감을 완화시키는 멘토 역할을 합니다.(금극화) 목은 금의 머뭇거리는 행동을 조절해 줍니다.(목극금) 화는 금의 냉정한 행동을 정감 있는 행동으로 바꾸도록 멘토를 해줍니다.(화극금) 타고난 숙명인가? 슈베르트에게는 오행성격 중 금의 성격이 보이질 않습니다. 음악가가 되겠다는 슈베르트의 강렬한 목표와 600여 가곡 등 많은 작곡에 불타오르는 에너지의 소비로 그의 타고난 병약한 몸은 지탱할 수 없었을 것입니다. 만약 그에게 금의 성격이 있었다면 목의 욕망과 화의 열정을 조절할 수 있는 가능성이 있었을 텐데…

　당신은 상생과 상극을 활용하여 당신의 오행성격특성 사이에 조화를 이루게 하면, 당신의 오행성격특성 팀워크 능력이 배가 되며 당신의 다양한 잠재력을 실현하게 될 가능성이 높아집니다. 당신의 오행성격특성의 팀워크로 당신은 자기성취의 열쇠를 가지게 됩니다.

이기적 행동과 이타적 행동의 균형은 당신의 행복 열쇠

인간의 생물본능은 자연환경의 창조품입니다.
인간의 사회본능은 사회생태계의 창조품입니다.
오행의 '목'과 '화'의 성격특성행동은 인간의 생물본능이 근원입니다.
오행의 '금'과 '수'의 성격특성행동은 인간의 사회본능이 근원입니다.
인간의 이기적 행동은 '목'과 '화' 성격에서 태어났습니다.
인간의 이타적 행동은 '금'과 '수' 성격에서 태어났습니다.

이기적 행동을 하는 사람은 재산, 명예, 지위 등 자아성취에 몰두할 가능성이 높습니다. 이타적 행동을 하는 사람은 다른 사람들을 더 많이 돕고 다정하며 이해심이 깊고 선행을 즐깁니다. 그러나 자기 성취의 가능성은 낮습니다. 공중에 친 밧줄 위로 안정되게 줄타기하는 곡예사는 장대를 들고 무게 중심을 좌우로 계속 옮기면서 걷습니다. 관객들의 마음은 조마조마하지만 곡예사는 균형을 잘 잡으며 걷습니다. 줄타기 기술은 장대의 무게 중심을 계속해서 좌우로 옮기는 데 있습니다. 이렇게 역동적 균형을 유지합니다.

대부분 사람은 매일 상황에 따라 이기적 행동과 이타적 행동의 균형을 유지합니다. 이기적 행동과 이타적 행동 중에 하나가 한쪽으로 기울어져 있으면 대부분 사람은 행복한 마음에 머물러 있기가 어렵습니다.

이기적 행동과 이타적 행동의 균형을 맞추려는 노력을 일상생활에서 계속하면 우리는 행복한 마음으로 생활할 수 있습니다. 당신은 손안에 행복의 열쇠를 쥐고 있습니다.

모델2의 성격 소유자는 이기적 행동의 뿌리인 목2개와 이타적 행동의 뿌리인 수2개가 균형을 이루었습니다. 슈베르트는 이기적 행동의 뿌리인 목2개와 이타적 행동의 뿌리인 수2개가 균형을 이루었습니다. 모델2의 성격 소유자와 슈베르트는 손안에 행복의 열쇠를 쥐고 있습니다.

우리는 타고난 생물본능과 사회본능을 우리의 마음속에 함께 가지고 있습니다. 이것이 인간(人間)의 숙명(fate)입니다.

모델3의 오행성격특성은 목2개, 화2개, 토2개, 금1개, 수1개입니다.

당신의 목표는 당신의 행동 나침반

당신의 오행성격특성을 제대로 이해하는 것은 당신의 야망을 품은 목표를 찾아내는 데 도움이 됩니다. 당신의 타고난 재능인 오행장점성격과 당신이 계획한 목표가 꼭 들어맞을 때 그 목표에 대해 마음이 끌리게 됩니다. 즉, 신바람이 나서 즐거운 마음으로 시간 가는 줄 모르고 당신의 재능에 맞는 목표를 추구하게 됩니다. 또한 당신은 목표를 추구하고 이루기 위해 무의식적으로 강렬한 열정이 솟아납니다. 당신은 당신의 재능을 세상에 보여줄 수 있는 가장 적합한 장소와 기회가 있는 곳, 그리고 그곳의 사회환경을 합리적 사고로 정확하게 살펴보아야 합니다. 그러면 당신은 자연스럽게 그 목표를 추구하고자 하는 의지력이 강해지고 목표의 생명력이 길어집니다. 당신의 목표가 당신의 행동 나침반이 됩니다.

모델3의 장점성격은 목의 욕구, 욕망, 도전과 꿈, 화의 열정, 직감과 창의력 그리고 토의 열린 마음, 신뢰, 끈기와 자기 확신입니다. 이 3개의 장점성격이 하나의 테마에 초점이 맞추어져 목표가 설정되었습니다. 이 목표가 모델3의 행동의 나침반이 되었습니다. 모델3과 비슷한 장점성격을 가진 갈릴레오와 나카무라 슈지를 살펴보겠습니다.

근대 물리학의 아버지 <u>갈릴레오 갈릴레이</u>

갈릴레이의 오행성격은 목2개, 화2개, 토2개, 금1개, 수1개입니다.

아버지는 유명한 류트연주가로 음악이론 연구를 하였습니다. 7남매 중 장남으로 태어났습니다. 코페르니쿠스의 지동설 이론을 옹호하여 지구가 아닌 태양이 중심임을 믿었습니다. 로마 교황청의 종교 재판에서 지동설 포기를 명령받았습니다. 그러나 그는 지동설을 고집하여 가택연금형에 처해졌습니다. 갈릴레이는 수학의 혁신적인 조합을 통해 운동에 관한 과학에 기여하였습니다. 아인슈타인은 그를 현대과학의 아버지라고 말했습니다. 1992년 로마 교황 요한 바오르 2세는 갈릴레이에게 사죄하였습니다.

갈릴레이는 경쟁심이 강하고 목표의식이 뚜렷하였습니다.(장점성격, 목) 그는 아버지의 창조적 예술 성격을 이어받은 것으로 생각됩니다. 직감이 발달한 사람은 창조적 예술이나 과학적 발견자가 많습니다. 갈릴레이도 이에 해당됩니다.(장점성격, 목) 갈릴레이는 옛 경험과 지식에서 비롯된 아리스토텔레스 이론에서 벗어나 지동설을 받아들였습니다.(장점성격, 목)

노벨물리학상 수상자 <u>나카무라 슈지</u>

나카무라 슈지 교수의 장점성격은 갈릴레이의 장점성격과 같습니다. 나카무라 교수는 유년시절 바다와 산 등이 열려있는 자연 속에서 자유롭게 뛰노는 아이였습니다. 어느 한 곳에 얽매이지 않는 열린 생각을 가진 '토'의 성격이 강화된 것으로 생각됩니다. 중고등학교 6년간 배구부에서 활동한 것은 그에게 경쟁심과 목표성취(우승목표)를 열망하는 목의 성격이 강화된 것으로 보입니다. 수학과 물리를 좋아했고 그림과 도안이나 미술에 자신이 있었다고 합니다. 그가 과학과 미술에 끌림이 있었던 것은 화가 장점성격(재능)임을 보여주는 시그널입니다. 나카무라 교수는 당시 물리학회 연구회 등이 주목하는 셀레늄과 달리 질화칼륨에 주목하여 질화칼륨에 의한 고휘도 청색 발광 다이오드를 발명·개발하여 LED제품화에 성공했습니다. 옛 경험과 지식에 자유롭게 새로운 아이디어를 창안해 내는 열린 마음의 성격인 '토'의 본보기입니다. 나카무라 교수는 2014년 노벨상 수상 기자회견에서 "노벨상을 받게 한 원동력은 분노에 있다"라고 말했습니다. 나카무라 교수에게 회사는 청색 LED개발에 대하여 개발 장려금 2만 엔 이외에 다른 보상을 하지 않았습니다. 나카무라 교수는 자신의 자존심에 대한 모욕감으로 분노에 떨었습니다. 그러나 그는 그 분노를 폭발하지 않고 연구 에너지로 활용한 것으로 생각됩니다.

거룩한 분노는 큰 가르침을 남겼습니다.

나카무라 교수는 청색 발광다이오드 개발과 청색LED제품화가 그의 확고한 목표였습니다.(장점성격, 목) 자기의 목표를 실현하기 위한 끝없는 열정과 투플로 MOCVD의 개발 창의성을 발휘했습니다.(장점성격, 화) 옛 경험과 지식으로부터 자유롭게 질화칼륨에 의한 청색 발광다이오드의 개발로 창의성을 보였습니다.(장점성격, 토)

오행성격특성들의 팀워크는 당신의 성취 열쇠

　모델3 오행성격특성 팀워크는 오행약점성격을 상생으로 보완하여 팀의 능력과 잠재력을 높일 수 있습니다. 팀은 오행장점성격을 상극으로 조절해서 오행성격특성들 사이의 조화가 이루어지게 합니다. 팀의 상생과 상극의 활용으로 팀의 성취를 이루어 낼 수 있습니다.

　모델3 오행성격의 금과 수는 사주 8자에 분포수가 각각 1개로 오행성격 평균분포수 1.6개(사주 8자÷오행 5자=1.6개)인 중간단계보다 적은 약점성격입니다. 장점성격인 토와 금은 상생관계이므로 토가 금에게 상당한 도움을 주어 금의 오행성격특성의 역할을 중간단계 가까이 끌어올릴 가능성이 있습니다.(토생금) 장점성격인 목과 수는 상생관계이므로 목이 수에게 상당한 도움을 주어 수의 오행성격특성의 역할을 중간단계 가까이 끌어올릴 가능성이 있습니다.(목생수)

　금은 목과 화와 상극관계입니다. 금은 목의 과도한 욕심, 욕망과 경솔한 행동을 조절해 줍니다.(금극목) 금은 화의 신경과민과 불안감을 완화시키는 멘토 역할을 합니다.(금극화) 목은 금의 머뭇거리는 행동을 조절해 줍니다.(목극금) 화는 금의 냉정한 행동을 정감 있는 행동으로 바꾸도록 멘토를 해줍니다.(화극금)

　갈릴레오는 지동설을 확신하면서도(장점성격, 목2개), 가톨릭교회와 대립하면서도 한발 물러서 고통을 참고 견뎌낸 인내심과 끈기는 금의 멘토 역할로 생각됩니다. 나카무라 교수의 타오르는 분노를 거룩한 분노로 조절할 수 있었던 것은 금의 멘토의 역할로 생각됩니다. 갈릴레오와 나카무라 교수는 오행 성격특성의 팀워크로 자기 성취의 열쇠를 가지게 되었습니다.

당신은 상생과 상극을 활용하여 당신의 오행성격특성 사이의 조화를 이루게 하면 당신의 오행성격특성 팀워크 능력이 배가 되며, 당신의 다양한 잠재력을 실현하게 될 가능성이 높아집니다. 당신의 오행 성격특성의 팀워크로 당신은 자기 성취의 열쇠를 가지게 됩니다.

이기적 행동과 이타적 행동의 균형은 당신의 행복 열쇠

인간의 생물본능은 자연환경의 창조품입니다.
인간의 사회본능은 사회생태계의 창조품입니다.
오행의 '목'과 '화'의 성격특성행동은 인간의 생물본능이 근원입니다.
오행의 '금'과 '수'의 성격특성행동은 인간의 사회본능이 근원입니다.
인간의 이기적 행동은 '목'과 '화' 성격에서 태어났습니다.
인간의 이타적 행동은 '금'과 '수' 성격에서 태어났습니다.

이기적 행동을 하는 사람은 재산, 명예, 지위 등 자아성취에 몰두할 가능성이 높습니다. 이타적 행동을 하는 사람은 다른 사람들을 더 많이 돕고 다정하며 이해심이 깊고 선행을 즐깁니다. 그러나 자기 성취의 가능성은 낮습니다. 공중에 친 밧줄 위로 안정되게 줄타기하는 곡예사는 장대를 들고 무게 중심을 좌우로 계속 옮기면서 걷습니다. 관객들의 마음은 조마조마하지만 곡예사는 균형을 잘 잡으며 걷습니다. 줄타기 기술은 장대의 무게 중심을 계속해서 좌우로 옮기는 데 있습니다. 이렇게 역동적 균형을 유지합니다.

대부분 사람은 매일 상황에 따라 이기적 행동과 이타적 행동의 균형을 유지합니다. 이기적 행동과 이타적 행동 중에 하나가 한쪽으로 기울어져 있으면 대부분 사람은 행복한 마음에 머물러 있기가 어렵습니다. 이기적 행동과 이타적 행동의 균형을 맞추려는 노력을 일상생활에서 계속하면 우리는 행복한 마음으로 생활할 수 있습니다. 당신은 손안에 행복의 열쇠를 쥐고 있습니다.

모델3의 성격 소유자는 이타적 행동의 뿌리인 금과 수가 약점성격입니다. 이 상황에서는 토가 장점성격일 경우 금과 수의 약점성격을 대리할 수 있습니다. 모델3의 성격소유자는 이기적 행동의 뿌리인 목과 약점성격인 금과 수를 대리한 장점성격인 토와 균형을 이루게 될 수 있습니다. 결과적으로 모델3의 성격소유자와 갈릴레이와 나카무라 교수는 이기적 행동과 이타적 행동의 균형을 이루게 되었습니다. 이들은 손안에 행복의 열쇠를 쥐고 있습니다.

우리는 타고난 생물본능과 사회본능을 우리의 마음속에 함께 가지고 있습니다. 이것이 인간(人間)의 숙명(fate)입니다.

모델4의 오행성격특성은 목3개, 화2개, 금1개, 수1개, 토1개입니다.

당신의 목표는 당신의 행동 나침반

당신의 오행성격특성을 제대로 이해하는 것은 당신의 야망을 품은 목표를 찾아내는 데 도움이 됩니다. 당신의 타고난 재능인 오행장점성격과 당신이 계획한 목표가 꼭 들어맞을 때 그 목표에 대해 마음이 끌리게 됩니다. 즉, 신바람이 나서 즐거운 마음으로 시간 가는 줄 모르고 당신의 재능에 맞는 목표를 추구하게 됩니다. 또한 당신은 목표를 추구하고 이루기 위해 무의식적으로 강렬한 열정이 솟아납니다. 당신은 당신의 재능을 세상에 보여줄 수 있는 가장 적합한 장소와 기회가 있는 곳, 그리고 그곳의 사회환경을 합리적 사고로 정확하게 살펴보아야 합니다. 그러면 당신은 자연스럽게 그 목표를 추구하고자 하는 의지력이 강해지고 목표의 생명력이 길어집니다. 당신의 목표가 당신의 행동 나침반이 됩니다.

모델4의 장점성격은 목의 욕망, 야망, 도전과 비전 그리고 화의 열정, 순발력과 창의력입니다. 목과 화의 장점성격이 하나의 테마에 초점이 맞추어져 목표가 설정되었습니다. 이 목표가 모델4의 나침반이 되었습니다. 모델4와 비슷한 장점성격을 가진 처칠을 살펴보겠습니다.

유머와 긍정적인 성격을 가진 영국 총리, 노벨문학상 수상자 <u>처칠</u>

처칠은 영국 명문가의 출신입니다. 그의 할아버지는 아일랜드 총독을 역임하였고 아버지는 영국 재무장관을 지냈습니다. 어머니는 미국 여성이었습니다. 처칠은 문학과 역사에 관심이 많아 이 분야에 독서를 다양하게 많이 했습니다. 이러한 다양하고 깊은 독서의 바탕은 처칠이 후에 회고록으로 노벨문학상을 받게 된 밑바탕이 된 것으로 생각됩니다. 육군사관생도일 때 독서, 수영, 승마 등으로 몸과 마음을 단련하였습니다. 처칠은 교육과 훈련으로 약점성격인 금이 강화되어 장점성격이 되었습니다.

처칠 생도는 공동체 규칙 존중과 리더십을 배우고 몸에 익혔습니다.

처칠은 육군사관학교 졸업 후 소위로 임관하여 보어전쟁에 참여했습니다. 처칠은 전쟁 중에 포로로 잡혔습니다. 순발력이 뛰어난 처칠은 직감으로 포로수용소에서 탈출기회를 노려 탈출에 성공하였습니다.(장점성격, 화2개) 그는 탈출 후 가톨릭교회 신부로 변장하여 체포위기를 벗어났습니다. 처칠은 카멜레온처럼 상황과 환경변화에 민감하여 전략적으로 행동하는 목의 성격을 지녔습니다.(장점성격, 목3개)

처칠은 1차 세계대전 당시 해군장관을 맡고 있었습니다. 갈리폴리 전투에 영국군을 파병하여 작전을 지휘했으나 실패했습니다. 처칠은 작전실패에 대한 책임을 지고 장관직에서 사퇴했습니다. 출세욕과 명예욕이 높은 처칠은(장점성격, 목3개) 우울증으로 시골에서 조용한 시간을 보냈습니다. 처칠은 처제의 그림 그리기 권유를 즉각 받아들여(성격강점, 목의 행동주의) 우울증을 잊기 위해 수채화를 그렸습니다. 처칠은 그림에 뛰어난 재능을 보였습니다.(장점성격, 화2개)

　제2차 세계대전 때 독일이 영국을 공습하였습니다. 영국정계는 과거에 공군강화를 주장한 처칠을 기억하고 다시 해군장관에 임명하였습니다. 전쟁이 격화되자 처칠이 총리가 되어 전쟁을 총지휘했습니다. 처칠의 아버지는 비타협적인 성격 때문에 정적과의 권력투쟁에서 밀려나 후회를 하면서 세상을 떠났습니다. 아버지에 대한 아픈 기억을 가진 처칠은 자신의 타고난 성격을 빠르게 상황과 환경에 적응하여 실용적으로 정적과 타협했습니다. 처칠은 낙관적이고 사교적인 성격을 발휘하고 유머기질도 활용했습니다.(장점성격, 목3개)

　제2차 세계대전 동안 한결같이 군인들에게 유머를 활용하여 군인들의 사기를 높였습니다.

　처칠은 강렬한 욕망과 야망, 그리고 직감 능력으로 새로운 아이디어를 창안하여 순발력 있게 위기를 탈출하는 장점성격인 목과 화의 재능을 만족하게 발휘하였습니다.

오행성격특성들의 팀워크는 당신의 성취 열쇠

　모델4 오행성격특성 팀워크는 오행약점성격을 상생으로 보완하여 팀의 능력과 잠재력을 높일 수 있습니다. 팀은 오행장점성격을 상극으로 조절해서 오행성격특성들 사이의 조화가 이루어지게 합니다. 팀이 상생과 상극활용으로 팀의 성취를 이루어 낼 수 있습니다.

　모델4 오행성격의 금, 수, 토는 사주 8자에 본포수가 각각 1개로 오행성격 평균분포수 1.6개(사주 8자÷오행 5자=1.6개)인 중간단계보다 적은 약점성격입니다. 장점성격인 화와 토는 상생관계이므로 화가 토에게 상당한 도움을 주어 토의 오행성격 특성의 역할을 중간단계 가까이 끌어올릴 가능성이 있습니다.(화생토) 성격강점인 목은 수와 상생관계이므로 목이 수에게 충분한 도움을 주어 수의 오행성격특성의 역할을 중간단계 가까이 끌어올릴 가능성이 매우 높습니다.(목생화, 목이 3개임)

　금은 토·수와 상생관계입니다. 금은 목의 과도한 욕심, 욕망과 경솔한 행동을 조절해 줍니다.(금극목) 금은 화의 신경과민과 불안감을 완화시키는 멘토 역할을 합니다.(금극화) 목은 금의 머뭇거리는 행동을 조절해 줍니다.(목극금) 화는 금의 냉정한 행동을 정감 있는 행동으로 바꾸도록 멘토를 해줍니다.(화극금)

　세계 1차 대전 때 처칠은 갈리폴리전투에서 작전실패로 해군장관을 사퇴하였습니다. 사퇴 후 시골에서 출세욕, 명예욕을 달래면서(금극목) 그림을 그리며 조용한 시간을 보냈습니다. 처칠은 수채화를 그렸습니다. 그림에 대한 그의 재능이 드러났습니다.(화생목) 처칠 수상의 오행성격특성은 상생과 상극으로 오생성격특성 사이를 조화가 이루어지게 하였습니다. 처칠수상은 자기의 오행성격특성의 팀워크로 자기성취의 열쇠를 가지게 되었습니다.

　당신은 상생과 상극을 활용하여 당신의 오행성격특성 사이의 조화

를 이루게 하면 당신의 오행성격특성 팀워크능력이 배가되며 당신의 다양한 잠재력이 실현하게 될 가능성이 높아집니다. 당신의 오행성격 특성의 팀워크로 당신은 자기성취의 열쇠를 가지게 됩니다.

이기적 행동과 이타적 행동의 균형은 당신의 행복 열쇠

인간의 생물본능은 자연환경의 창조품입니다.
인간의 사회본능은 사회생태계의 창조품입니다.
오행의 '목'과 '화'의 성격특성행동은 인간의 생물본능이 근원입니다.
오행의 '금'과 '수'의 성격특성행동은 인간의 사회본능이 근원입니다.
인간의 이기적 행동은 '목'과 '화' 성격에서 태어났습니다.
인간의 이타적 행동은 '금'과 '수' 성격에서 태어났습니다.

이기적 행동을 하는 사람은 재산, 명예, 지위 등 자아성취에 몰두할 가능성이 높습니다. 이타적 행동을 하는 사람은 다른 사람들을 더 많이 돕고 다정하며 이해심이 깊고 선행을 즐깁니다. 그러나 자기 성취의 가능성은 낮습니다. 공중에 친 밧줄 위로 안정되게 줄타기하는 곡예사는 장대를 들고 무게 중심을 좌우로 계속 옮기면서 걷습니다. 관객들의 마음은 조마조마하지만 곡예사는 균형을 잘 잡으며 걷습니다. 줄타기 기술은 장대의 무게 중심을 계속해서 좌우로 옮기는 데 있습니다. 이렇게 역동적 균형을 유지합니다.

대부분 사람은 매일 상황에 따라 이기적 행동과 이타적 행동의 균형을 유지합니다. 이기적 행동과 이타적 행동 중에 하나가 한쪽으로 기울어져 있으면 대부분 사람은 행복한 마음에 머물러 있기가 어렵습니다. 우리는 이기적 행동과 이타적 행동의 균형을 맞추려는 노력을 일상생활에서 계속하면 행복한 마음으로 생활할 수 있습니다. 당신은 손안에 행복의 열쇠를 쥐고 있습니다.

모델4의 성격 소유자는 이기적 행동(목,화는 장점성격)이 이타적 행동(금,수는 약점성격)보다 자주 나타날 수 있습니다. 모델4의 성격 소유자는 이타적 행동에 조금 더 관심을 가지고 행동하면 행복한 일상생활이 될 수 있습니다. 처칠은 이기적 행동의 뿌리인 장점성격 목과 이타적 행동의 뿌리인 장점성격인 금(교육과 훈련으로 강화되었음)이 균형을 이루었습니다. 처칠은 손안에 행복의 열쇠를 쥐고 있습니다.

우리는 타고난 생물본능과 사회본능을 우리의 마음속에 함께 가지고 있습니다. 이것이 인간(人間)의 숙명(fate)입니다.

모델5의 오행성격특성은 화2개, 금2개, 수2개, 목1개, 토1개입니다.

당신의 목표는 당신의 행동 나침반

당신의 오행성격특성을 제대로 이해하는 것은 당신의 야망을 품은 목표를 찾아내는 데 도움이 됩니다. 당신의 타고난 재능인 오행장점성격과 당신이 계획한 목표가 꼭 들어맞을 때 그 목표에 대해 마음이 끌리게 됩니다. 즉, 신바람이 나서 즐거운 마음으로 시간 가는 줄 모르고 당신의 재능에 맞는 목표를 추구하게 됩니다. 또한 당신은 목표를 추구하고 이루기 위해 무의식적으로 강렬한 열정이 솟아납니다. 당신은 당신의 재능을 세상에 보여줄 수 있는 가장 적합한 장소와 기회가 있는 곳, 그리고 그곳의 사회환경을 합리적 사고로 정확하게 살펴보아야 합니다. 그러면 당신은 자연스럽게 그 목표를 추구하고자 하는 의지력이 강해지고 목표의 생명력이 길어집니다. 당신의 목표가 당신의 행동 나침반이 됩니다.

모델5의 장점성격은 화의 열정, 순발력과 창의력 그리고 금의 성실, 합리적 사고, 인내심과 학습 능력 그리고 수의 친화성, 유연성과 공감 능력입니다. 이 3개의 장점성격이 하나의 테마에 초점을 맞추어서 목표가 설정되었습니다. 이 목표가 모델5의 행동의 나침반이 되었습니다. 모델5와 비슷한 장점성격을 가진 루스벨트를 살펴보겠습니다.

미국의 3선 대통령 **루스벨트**

루스벨트는 부유한 귀족출신입니다. 아버지는 유복한 지주였습니다. 루스벨트는 어린 시절 가정교사의 귀족식 교육을 받았습니다. 그는 가족과 함께 거의 매년 유럽여행을 다녔습니다. 그는 여행을 통해서 유럽 전통문화와 역사에 대한 지식을 넓혔습니다. 루스벨트는 명문 사립고 그로톤을 졸업했습니다. 그는 하버드 대학시절 활동적이고 친화성과 열정이 있어 교내신문의 편집장으로 활약했습니다. 루스벨트는 역사학을 전공했습니다. 루스벨트는 컬럼비아로스쿨을 졸업하고 변호사가 되었습니다. 그 후 루스벨트는 로펌에 입사하여 기업업무를 주로 맡았습니다.

루스벨트는 정치에 입문하여 상원의원, 주지사를 역임한 후 미국 대통령으로 당선되었습니다. 루스벨트가 대통령으로 취임할 때는 경제대공황이었습니다. 그는 의식주가 어려운 서민을 배려한 복지정책인 뉴딜정책을 시행했습니다. 루스벨트 대통령은 라틴아메리카 여러 나라와 우호관계를 강화했습니다. 루스벨트 대통령은 1936년에 재선, 1940년에 3선 대통령이 되었습니다. 1939년 제2차 세계대전이 발발되자 미국은 전쟁에 직접 참여하지 않고 서방국가에 군물자만 지원하는 신중함을 보였습니다. 그러나 일본의 진주만 기습으로 세계대전에 전격 참전했습니다. 루스벨트 대통령은 미국 국력을 총집결시켜 제2차 세계대전 주역을 맡아 전쟁을 승리로 이끄는 도중에 세상을 떠나게 되었습니다.

루스벨트 대통령의 장점성격은 농민 실업자 구제를 위한 혁신적인 여러 가지 개혁(장점성격, 화)과 복지정책인 뉴딜 정책(장점성격, 수) 그리고 제2차 세계대전 발발 직후 바로 전쟁에 참전하지 않는 신중함(장점성격, 금)을 보였습니다. 진주만 기습공격을 받자 전격적으로 참전하여 제2차 세계대전을 처칠과 함께 승리로 이끌었습니다.(장점성격, 화) 루스벨트 대통령의 장점성격인 화, 금과 수의 장점(재능)을 제대로 발휘한 본보기로 생각됩니다.

<u>오행성격특성들의 팀워크는 당신의 성취 열쇠</u>

모델5 오행성격특성 팀워크는 오행약점성격을 상생으로 보완하여 팀의 능력과 잠재력을 높일 수 있습니다. 팀은 오행장점성격을 상극으로 조절해서 오행성격특성들 사이의 조화가 이루어지게 합니다. 팀이 상생과 상극의 활용으로 팀의 성취를 이루어 낼 수 있습니다.

모델5 오행성격의 목과 토는 사주 8자에 분포수가 각각 1개로 오행성격평균 분포수 1.6개(사주 8자÷오행 5자=1.6개)인 중간단계보다 적은 약점성격입니다. 장점성격인 화와 수는 목과 상생관계이므로 화와 수가 목에게 충분한 도움을 주어 목의 오행성격특성의 역할을 중간단계 가까이 끌어올릴 가능성이 매우 높습니다.(화생목+수생목) 장점성격인 화와 금은 토와 상생관계이므로 화와 금이 토에게 충분한 도움을 주어 토의 오행성격특성의 역할을 중간단계 가까이 끌어올릴 가능성이 매우 높습니다.(화생토+금생토)

금은 목과 화와 상극관계입니다. 금은 화의 신경과민과 불안감을 완화시키는 멘토역할입니다.(금극화) 금은 목의 욕심, 욕망과 경솔한 행동을 조절해 줍니다.(금극목) 목은 금의 머뭇거리는 행동을 조절해 줍니다.(목극금) 화는 금의 냉정한 행동을 정감 있는 행동으로 바꾸도록 멘토를 해줍니다.(화극금)

제2차 세계대전이 발발하자 루스벨트 대통령은 전쟁에 참여하지 않으나(금의성격) 진주만 기습공격으로 전쟁에 곧바로 참전하여 반격했습니다.(목극금) 그는 전쟁의 총지휘자로 전쟁을 승리로 이끌려는 열정이 너무 강렬해서 에너지 고갈 상태에 있었던 것으로 보입니다. 금과 수가 화와 상극관계였지만 루스벨트 대통령의 화의 열정을 조절하는데 한계가 있었던 것으로 생각됩니다. 결국 그는 전쟁승리를 눈앞에 두고 세상을 떠났습니다. 루스벨트 대통령의 오행성격특성은 상생과 상극으로 오행성격특성 사이를 조화가 이루어지게 하였습니다. 루스벨트 대통령은 자기의 오행성격 팀워크로 자기성취 열쇠를 가지게 되었습니다.

당신은 상생과 상극을 활용하여 당신의 오행성격특성 사이의 조화를 이루게 하면 당신의 오행성격특성 팀워크 능력이 배가 되며 당신의 다양한 잠재력을 실현하게 될 가능성이 높아집니다. 당신의 오행성격특성의 팀워크로 당신은 자기성취의 열쇠를 가지게 됩니다.

이기적 행동과 이타적 행동의 균형은 당신의 행복 열쇠

인간의 생물본능은 자연환경의 창조품입니다.
인간의 사회본능은 사회생태계의 창조품입니다.

오행의 '목'과 '화'의 성격특성행동은 인간의 생물본능이 근원입니다. 오행의 '금'과 '수'의 성격특성행동은 인간의 사회본능이 근원입니다. 인간의 이기적 행동은 '목'과 '화' 성격에서 태어났습니다. 인간의 이타적 행동은 '금'과 '수' 성격에서 태어났습니다.

이기적 행동을 하는 사람은 재산, 명예, 지위 등 자아성취에 몰두할 가능성이 높습니다. 이타적 행동을 하는 사람은 다른 사람들을 더 많이 돕고 다정하며 이해심이 깊고 선행을 즐깁니다. 그러나 자기 성취의 가능성은 낮습니다. 공중에 친 밧줄 위로 안정되게 줄타기하는 곡예사는 장대를 들고 무게 중심을 좌우로 계속 옮기면서 걷습니다. 관객들의 마음은 조마조마 하지만 곡예사는 균형을 잘 잡으며 걷습니다. 줄타기 기술은 장대의 무게 중심을 계속해서 좌우로 옮기는 데 있습니다. 이렇게 역동적 균형을 유지합니다.

대부분 사람은 매일 상황에 따라 이기적 행동과 이타적 행동의 균형을 유지합니다. 이기적 행동과 이타적 행동 중에 하나가 어느 한쪽으로 기울어져 있으면 대부분 사람은 행복한 마음에 머물러 있기가 어렵습니다. 이기적 행동과 이타적 행동의 균형을 맞추려는 노력을 일상생활에서 계속하면 우리는 행복한 마음으로 생활할 수 있습니다. 당신은 손안에 행복의 열쇠를 쥐고 있습니다.

모델5의 성격 소유자는 이기적 행동의 뿌리인 장점성격 화2개와 이타적 행동의 뿌리인 장점성격 금2개가 균형을 이루었습니다. 루스벨트는 이기적 행동의 뿌리인 화와 이타적 행동의 뿌리인 금과 균형을 이루었습니다. 모델5의 성격소유자와 루스벨트 대통령은 손안에 행복의 열쇠를 쥐고 있습니다.

우리는 타고난 생물본능과 사회본능을 우리의 마음속에 함께 가지고 있습니다. 이것이 인간(人間)의 숙명(fate)입니다.

모델6의 오행성격특성은 화2개, 수2개, 토2개, 목1개, 금1개입니다.

당신의 목표는 당신의 행동 나침반

당신의 오행성격특성을 제대로 이해하는 것은 당신의 야망을 품은 목표를 찾아내는 데 도움이 됩니다. 당신의 타고난 재능인 오행장점성 격과 당신이 계획한 목표가 꼭 들어맞을 때 그 목표에 대해 마음이 끌 리게 됩니다. 즉, 신바람이 나서 즐거운 마음으로 시간 가는 줄 모르고 당신의 재능에 맞는 목표를 추구하게 됩니다. 또한 당신은 목표를 추구 하고 이루기 위해 무의식적으로 강렬한 열정이 솟아납니다. 당신은 당 신의 재능을 세상에 보여줄 수 있는 가장 적합한 장소와 기회가 있는 곳, 그리고 그곳의 사회환경을 합리적 사고로 정확하게 살펴보아야 합 니다. 그러면 당신은 자연스럽게 그 목표를 추구하고자 하는 의지력이 강해지고 목표의 생명력이 길어집니다. 당신의 목표가 당신의 행동 나 침반이 됩니다.

모델6의 장점성격은 화의 열정, 순발력과 창의력, 수의 친화성, 유연 성과 공감능력 그리고 토의 열린 마음, 포용, 신뢰와 지도력입니다. 이 3 개의 장점성격이 하나의 테마에 초점이 맞추어져서 목표가 설정되었습 니다. 이 목표가 모델6의 행동의 나침반이 되었습니다. 모델6과 비슷한 장점성격을 가진 만델라를 살펴보겠습니다.

만델라의 오행성격특성은 화2개, 수2개, 토3개, 목1개, 금0개입니다.

세계 최초의 흑인 대통령 <u>만델라</u>

만델라의 증조부는 추장이었습니다. 아버지도 지역 족장이었습니다. 만델라는 말썽꾸러기라는 별명도 가지고 있습니다. 만델라는 대학재학 중 아프리카 민족회의에 들어가 청년동맹을 설립하여 청년동맹의장이 되었습니다. 요하네스버그에서 변호사 사무소를 개업하였습니다. 만델라는 ANC부의장에 취임하여 「민족의 창」이라는 군사조직을 만들어 최초사령관이 됩니다. 만델라는 군사 활동으로 체포되어 국가반역죄 종신형을 선고받았습니다. 만델라는 당시 대통령 데 클레르크와 회담을 통해 화해하고 재판에 석방됩니다. 만델라는 데 클레르크 대통령과 백인과 흑인의 진실한 용서와 화해를 실천하여 두 분은 노벨평화상을 수상했습니다. 만델라는 1994년 남아프리카공화국 8대 대통령으로 당선되었습니다. 그의 인생은 자유를 향한 긴 여정이었습니다.

만델라 대통령의 장점성격은 훌륭한 리더십을 발휘한 토3개가 특징입니다. 그는 흑인과 백인이 평등하다는 믿음으로 백인과 흑인을 함께 감싸는 포용력과 지도력을 발휘했습니다.(토3개) 그는 총명과 지혜로 세상변화를 대처해 나가며,(수2개) 말솜씨와 신뢰감이 있는 소통이 원활한 정치가였습니다.

<u>오행성격특성들의 팀워크는 당신의 성취 열쇠</u>

모델6 오행성격특성 팀워크는 오행약점성격을 상생으로 보완하여 팀의 능력과 잠재력을 높일 수 있습니다. 팀은 오행장점성격을 상극으로 좌절해서 오행성격특성 사이의 조화가 이루어지게 합니다. 팀의 상생과 상극의 활용으로 팀의 성취를 이루어 낼 수 있습니다.

모델6의 오행성격의 목과 금은 사주 8자에 분포수가 각각 1개로 오행성격 평균분포수 1.6개(사주 8자÷오행 5자=1.6개)인 중간단계보다 적은 약점성격입니다. 장점성격인 화와 수는 목과 상생관계이므로 화와 수가 목에게 충분한 도움을 주어 목의 오행성격특성의 역할은 중간단계 가까이 끌어올릴 가능성이 매우 높습니다.(화생목+수생목) 장점성격인 토와 수는 금과 상생관계이므로 토와 수가 금에게 충분한 도움을 주어 금의 오행성격특성의 역할을 중간단계 가까이 끌어올릴 가능성이 매우 높습니다.(토생금+수생금)

금은 목과 화와 상극관계입니다. 금은 화의 신경과민과 불안을 완화시켜 주는 멘토 역할을 합니다. 금은 목의 과도한 욕심, 욕망과 경솔한 행동을 조절해 줍니다.(금극목) 목은 금의 머뭇거리는 행동을 조절해 줍니다.(목금금) 화는 금의 냉정한 행동을 정감 있는 행동으로 바꾸도록 멘토를 해줍니다.(화극금)

만델라 대통령이 흑인과 백인이 평등하게 살 수 있다는 자기 확신과 이를 성취하기 위해 열심히 노력하도록 장점성격인 화가 강렬한 열정의 도움을 주었습니다.(화생목) 만델라 대통령의 흑인과 백인과의 화해와 용서는 수의 장점성격입니다. 만델라 대통령의 오행성격특성은 상생과 상극으로 오행성격특성 사이를 조화가 이루어지게 하였습니다. 만델라 대통령은 자기의 오행성격특성의 팀워크로 자기성취의 열쇠를 가지게 되었습니다.

당신은 상생과 상극을 활용하여 당신의 오행성격특성 사이의 조화를 이루게 하면 당신의 오행성격특성 팀워크 능력이 배가 되며 당신의 다양한 잠재력을 실현하게 될 가능성이 높아집니다. 당신의 오행성격특성의 팀워크로 당신은 자기성취의 열쇠를 가지게 됩니다.

이기적 행동과 이타적 행동의 균형은 당신의 행복 열쇠

인간의 생물본능은 자연환경의 창조품입니다.
인간의 사회본능은 사회생태계의 창조품입니다.
오행의 '목'과 '화'의 성격특성행동은 인간의 생물본능이 근원입니다.
오행의 '금'과 '수'의 성격특성행동은 인간의 사회본능이 근원입니다.
인간의 이기적 행동은 '목'과 '화' 성격에서 태어났습니다.
인간의 이타적 행동은 '금'과 '수' 성격에서 태어났습니다.

이기적 행동을 하는 사람은 재산, 명예, 지위 등 자아성취에 몰두할 가능성이 높습니다. 이타적 행동을 하는 사람은 다른 사람들을 더 많이 돕고 다정하며 이해심이 깊고 선행을 즐깁니다. 그러나 자기 성취의 가능성은 낮습니다. 공중에 친 밧줄 위로 안정되게 줄타기하는 곡예사는 장대를 들고 무게 중심을 좌우로 계속 옮기면서 걷습니다. 관객들의

마음은 조마조마하지만 곡예사는 균형을 잘 잡으며 걷습니다. 줄타기 기술은 장대의 무게 중심을 계속해서 좌우로 옮기는 데 있습니다. 이렇게 역동적 균형을 유지합니다.

대부분의 사람은 매일매일 상황에 따라 이기적 행동과 이타적 행동의 균형을 유지합니다. 이기적 행동과 이타적 행동 중에 하나가 어느 한쪽으로 기울어져 있으면 대부분 사람은 행복한 마음에 머물러 있기가 어렵습니다. 이기적인 행동과 이타적 행동의 균형을 맞추려는 노력을 일상생활에서 계속하면 우리는 행복한 마음으로 생활할 수 있습니다. 당신은 손안에 행복의 열쇠를 쥐고 있습니다.

모델6의 성격소유자는 이기적 행동(화2개)과 이타적 행동(수2개)이 균형을 이루고 있습니다. 이기적 행동의 뿌리인 장점성격 화의 성격과 이타적 행동의 뿌리인 장점성격 수의 성격이 균형을 이루고 있습니다. 만델라 대통령은 이기적 행동의 뿌리인 장점성격 화와 이타적 행동의 뿌리인 장점성격인 수의 성격이 균형을 이루고 있습니다. 모델6의 성격소유자와 만델라 대통령은 손안에 행복의 열쇠를 쥐고 있습니다.

우리는 타고난 생물본능과 사회본능을 우리의 마음속에 함께 가지고 있습니다. 이것이 인간(人間)의 숙명(fate)입니다.

당신의 목표는 당신의 행동 나침반

당신의 오행성격특성을 제대로 이해하는 것은 당신의 야망을 품은 목표를 찾아내는 데 도움이 됩니다. 당신의 타고난 재능인 오행장점성격과 당신이 계획한 목표가 꼭 들어맞을 때 그 목표에 대해 마음이 끌리게 됩니다. 즉, 신바람이 나서 즐거운 마음으로 시간 가는 줄 모르고 당신의 재능에 맞는 목표를 추구하게 됩니다. 또한 당신은 목표를 추구하고 이루기 위해 무의식적으로 강렬한 열정이 솟아납니다. 당신은 당신의 재능을 세상에 보여줄 수 있는 가장 적합한 장소와 기회가 있는 곳, 그리고 그곳의 사회환경을 합리적 사고로 정확하게 살펴보아야 합니다. 그러면 당신은 자연스럽게 그 목표를 추구하고자 하는 의지력이 강해지고 목표의 생명력이 길어집니다. 당신의 목표가 당신의 행동 나침반이 됩니다.

모델7의 장점성격은 화의 열정, 순발력과 창의력, 금의 성실, 합리적 사고, 인내심과 학습 능력, 토의 열린 마음, 포용, 신뢰와 지도력입니다. 이 3개의 장점성격이 하나의 테마에 초점이 맞추어져 목표가 설정되었습니다. 이 목표가 모델7의 행동의 나침반이 되었습니다. 모델7과 비슷한 장점성격을 가진 룰라를 살펴보겠습니다.

룰라의 오행성격특성은 화2개, 금2개, 토2개, 목1개, 수1개입니다.

브라질의 입지적인 지도자, 브라질 3선 **룰라 대통령**

룰라 대통령은 브라질 금속노동자 출신 정치인으로 2002년 노동자당 소속으로 대통령 선거에 출마해서 당선되었습니다. 룰라 대통령은 2006년에 재선에 성공하였습니다. 2022년에 3선 대통령으로 당선되었습니다. 룰라 대통령은 자신의 큰 꿈을 마음에 품고 계속되는 고난을 이겨내고 노력하여 3선 대통령이 된 입지적인 훌륭한 브라질 대통령입니다.

룰라 대통령은 8남매 중 7번째로 태어났습니다. 룰라 대통령은 어려운 가정형편 때문에 초등학교 4학년 때 학업을 그만두어야 했습니다. 그는 그 후 금속공장을 다니면서 기술학교에서 성실하게 기술을 배웠습니다. 그는 18세 때 금속을 깎아서 가공하는 기술인 선반자격증을 취득했습니다.(장점성격, 금2개) 룰라는 금속노동자생활에서 여러 가지 경험을 하면서 노동운동의 필요성을 절실하게 느꼈습니다. 그는 자신을 반스탈린주의자이며 민주사회주의자라고 선언하고 노동운동에 본격적으로 참여하여 노동운동가가 되었습니다. 룰라는 노동자당을 창당하여 노동자세력을 확장해 나갔습니다. 1975년 룰라는 금속노조위원장에 당선되었습니다. 룰라는 책임감 있고 정직하였습니다. 그는 믿음, 의리, 공평과 포용력을 가지고 있으며 소통이 원활하고 활동적이며 부드러움과 열정을 가진 리더십이 완벽에 가까웠습니다.(장점성격, 토2개)

룰라는 가톨릭신도로 보수적인 브라질 가톨릭교구와 사이좋은 관계를 형성했습니다. 룰라 대통령은 복지프로그램을 최우선적으로 실시했습니다.(장점성격, 화) 룰라 대통령은 노동자당이 중도파라고 자처하며 자본주의 틀을 유지한 채 각종 개혁을 시도했습니다.(장점성격, 화) 룰라 대통령은 국가외채를 성실하게 줄여갔습니다.(장점성격, 금)

오행성격특성의 팀워크는 당신의 성취 열쇠

모델7의 오행성격특성 팀워크는 오행약점성격을 상생으로 보완하여 팀의 능력과 잠재력을 높일 수 있습니다. 팀은 오행장점성격을 상극으로 조절해서 오행성격특성 사이의 조화가 이루어지게 합니다. 팀의 상생과 상극활용으로 팀의 성취를 이루어 낼 수 있습니다.

모델7의 오행성격의 목과 수는 사주 8자에 분포수가 각각 1개로 오행성격 평균분포수 1.6개(사주 8자÷오행 5자=1.6개)인 중간단계보다 적은 약점성격입니다. 장점성격인 화는 목과 상생관계이므로 화가 목에게 상당한 도움을 주어 목의 오행성격특성의 역할을 중간단계 가까이 끌어올릴 가능성이 있습니다.(화생목) 장점성격인 금은 수와 상생관계이므로 금이 수에게 상당한 도움을 주어 수의 오행성격특성의 역할을 중간단계 가까이 끌어올릴 가능성이 있습니다.(금생수)

금은 목과 화와 상극관계입니다. 금은 화의 신경과민과 불안을 완화시켜 주는 멘토 역할을 합니다.(금극화) 금은 목의 과도한 욕심, 욕망과 경솔한 행동을 조절해 줍니다.(금극목) 목은 금의 머뭇거리는 행동을 조절해 줍니다.(목극금) 화는 금의 냉정한 행동을 정감 있는 행동으로 바꾸도록 멘토를 해줍니다.(화극금) 토와 수도 상극관계입니다.

룰라 대통령이 그의 일생목표를 성취하기 위해 끊임없는 노력을 하도록 화가 강렬한 열정으로 도움을 주었습니다.(화생목) 룰라 대통령이 친화력과 공감능력을 높이도록 토가 수에게 멘토를 해 주었습니다. 룰라 대통령의 오행성격특성은 상생과 상극으로 오행성격특성 사이의 조화가 이루어지게 하였습니다. 룰라 대통령은 자기의 오행성격특성의 팀워크로 자기성취의 열쇠를 가지게 되었습니다.

당신은 상생과 상극을 활용하여 당신의 오행성격특성 사이의 조화를 이루게 하면 당신의 오행성격특성 팀워크 능력이 배가 되며 당신의 다양한 잠재력을 실현하게 될 가능성이 높아집니다. 당신은 오행성격특성의 팀워크로 당신은 자기성취의 열쇠를 가지게 됩니다.

이기적 행동과 이타적 행동의 균형은 당신의 행복 열쇠

인간의 생물본능은 자연환경의 창조품입니다.
인간의 사회본능은 사회생태계의 창조품입니다.
오행의 '목'과 '화'의 성격특성행동은 인간의 생물본능이 근원입니다.
오행의 '금'과 '수'의 성격특성행동은 인간의 사회본능이 근원입니다.
인간의 이기적 행동은 '목'과 '화' 성격에서 태어났습니다.
인간의 이타적 행동은 '금'과 '수' 성격에서 태어났습니다.

이기적 행동을 하는 사람은 재산, 명예, 지위 등 자아성취에 몰두할 가능성이 높습니다. 이타적 행동을 하는 사람은 다른 사람들을 더 많이 돕고 다정하며 이해심이 깊고 선행을 즐깁니다. 그러나 자기 성취의 가능성은 낮습니다. 공중에 친 밧줄 위로 안정되게 줄타기하는 곡예사는 장대를 들고 무게 중심을 좌우로 계속 옮기면서 걷습니다. 관객들의 마음은 조마조마하지만 곡예사는 균형을 잘 잡으며 걷습니다. 줄타기 기술은 장대의 무게 중심을 계속해서 좌우로 옮기는 데 있습니다. 이렇게 역동적 균형을 유지합니다.

대부분의 사람은 매일매일 상황에 따라 이기적 행동과 이타적 행동의 균형을 유지합니다. 이기적 행동과 이타적 행동 중에 하나가 어느 한쪽으로 기울어져 있으면 대부분 사람은 행복한 마음에 머물러 있기가 어렵습니다. 이기적인 행동과 이타적 행동의 균형을 맞추려는 노력을 일상생활에서 계속하면 우리는 행복한 마음으로 생활할 수 있습니다. 당신은 손안에 행복의 열쇠를 쥐고 있습니다.

모델7의 성격소유자는 이기적 행동(화2개)과 이타적 행동(금2개)의 균형을 이루고 있습니다. 이기적 행동의 뿌리인 장점성격인 화의 성격과 이타적 행동의 뿌리인 장점성격인 금의 성격이 균형을 이루고 있습니다. 룰라 대통령은 이기적 행동의 뿌리인 장점성격인 화의 성격과 이타적 행동의 뿌리인 장점성격인 금의 성격이 균형을 이루고 있습니다. 룰라 대통령 자신이 중도파라고 천명한 것처럼 보수와 진보정책을 균형 있게 실행하였습니다. 룰라 대통령은 손안에 행복의 열쇠를 쥐고 있는 것이 분명합니다. 모델7의 성격소유자도 손안에 행복의 열쇠를 쥐고 있는 것이 분명합니다.

우리는 타고난 생물본능과 사회본능을 우리의 마음속에 함께 가지고 있습니다. 이것이 인간(人間)의 숙명(fate)입니다.

모델8의 오행성격특성은 토3개, 화2개, 수2개, 목1개, 금0개입니다.

당신의 목표는 당신의 행동 나침반

당신의 오행성격특성을 제대로 이해하는 것은 당신의 야망을 품은 목표를 찾아내는 데 도움이 됩니다. 당신의 타고난 재능인 오행장점성격과 당신이 계획한 목표가 꼭 들어맞을 때 그 목표에 대해 마음이 끌리게 됩니다. 즉, 신바람이 나서 즐거운 마음으로 시간 가는 줄 모르고 당신의 재능에 맞는 목표를 추구하게 됩니다. 또한 당신은 목표를 추구하고 이루기 위해 무의식적으로 강렬한 열정이 솟아납니다. 당신은 당신의 재능을 세상에 보여줄 수 있는 가장 적합한 장소와 기회가 있는 곳, 그리고 그곳의 사회환경을 합리적 사고로 정확하게 살펴보아야 합니다. 그러면 당신은 자연스럽게 그 목표를 추구하고자 하는 의지력이 강해지고 목표의 생명력이 길어집니다. 당신의 목표가 당신의 행동 나침반이 됩니다.

모델8의 장점성격은 화의 열정, 순발력과 창의력, 수의 친화성 유연성과 공감능력, 그리고 토의 열린 마음, 포용, 신뢰와 지도력입니다. 이 3개의 장점성격이 하나의 테마에 초점이 맞추어져서 목표가 설정되었습니다. 이 목표가 행동의 나침반이 되었습니다.

모델8과 비슷한 장점성격(재능)을 가진 갈레노스를 살펴보겠습니다. 갈레노스의 오행성격특성은 화2개, 수2개, 토3개, 목1개, 금0개입니다.

로마제국의 혁신적인 의학자, 철학자 갈레노스

갈레노스는 로마제국 당시의 의학자이며 철학자입니다. 그는 로마황제 4명의 주치의였습니다. 갈레노스는 히포크라테스 이래 최고의 의학자이며 고대의학의 완성자로 알려졌습니다. 그는 400여 권의 철학 및 의학 관계의 저술을 하였습니다.

갈레노스 아버지는 건축가이면서 수학, 철학, 천문학, 식물학 등 넓은 지식을 가지고 있었습니다. 갈레노스는 어릴 적부터 아버지에게 의학과 철학에 대한 많은 가르침을 받았습니다.

갈레노스는 고대 그리스 체육관에서 달리기, 수영, 레슬링, 창던지기 등을 배워 체력을 강화시키고 용기와 도전정신도 함께 길렀습니다. 갈레노스는 14살에 철학학교에 진학하여 중요한 철학에 대해 배우며 성장했습니다. 갈레노스 아버지는 꿈에 의학의 신이 나타나 갈레노스가 위대한 의사가 된다는 신의 계시를 받았습니다. 이후 갈레노스는 4년 동안 신전에서 치료하고 연구하던 의사에게 치료기술과 의술을 배워 몸에 익혔습니다. 갈레노스는 19세에 스미르나 펠롭스 의학학교에서 의학, 철학, 식물학 등을 공부하였습니다. 갈레노스는 여러 나라를 순회하며 현지 의학기술을 습득하였습니다. 마지막에 갈레노스는 이집트 알렉산드리아 대학습원 무세이온에서 연구하였습니다. 여기에서 갈레노스는 인체해부학을 연구하였습니다. 갈레노스는 28세에 의사의 삶을 살아야겠다고 결심을 하고 고향인 페르가문으로 돌아왔습니다.

갈레노스는 검투사학교 의사직을 맡게 됩니다. 그의 전임의사 시절

4년 동안 60여 명이 사망했습니다. 그가 일한 4년 동안 5명만이 사망했습니다. 갈레노스는 이곳에서 많은 의학기술을 익히고 인체에 대한 많은 지식을 습득하게 됩니다.

갈레노스가 32세 된 AD161년 검투사학교와 계약이 끝났습니다. 그는 페르가몬을 떠나 로마로 이주했습니다. 갈레노스는 아버지 친구이자 스승인 에우터무스를 찾아갔습니다. 그러나 갈레노스의 스승은 죽음의 직전에 있었습니다. 갈레노스는 자신의 의술로 스승의 병을 낫게 하였습니다. 로마 시 전역에 이 소문이 순식간에 퍼졌습니다.

이런 결과로 갈레노스는 황제 아우렐리우스와 베루스 그리고 콤모두스 황제 주치의가 됩니다. 갈레노스는 37세 때 갑자기 로마를 떠나 고향으로 돌아갔습니다.

갈레노스는 4가지 체액설, 다혈질(봄), 담즙질(여름), 우울질(가을), 점액질(겨울)로 분류하고 각 체질에 따라 나타나는 질병, 건강 상태, 그리고 성격까지 제시했습니다. 갈레노스는 4가지 체액이 균형을 이루어야 건강하다고 믿었으며, 이 4가지 체액의 균형이 깨지면 병이 생긴다고 생각했습니다. 18세기에 칸트는 4가지 성격유형론에 갈레노스의 4가지 체액설을 활용했습니다.

갈레노스는 그리스 의학의 성과를 집대성하여 해부학, 생리학, 병리학, 약초학 등에 걸친 방대한 의학 체계를 확립했습니다. 15~16세기까지 서양 의사들은 갈레노스가 기록했던 관찰과 실험을 그대로 활용하였다고 합니다. 갈레노스는 "가장 좋은 의사는 철학자이다."라는 명언을 남겼습니다. 1820년 독일 의사 퀸이 『갈레노스 전집』을 출판하였습니다. 이 책은 1000페이지 20권에 해당하는 분량이었습니다.

오행성격특성의 팀워크는 당신의 성취 열쇠

　모델8의 오행성격특성 팀워크는 오행약점성격을 상생으로 보완하여 팀의 능력과 잠재력을 높일 수 있습니다. 팀은 오행장점성격을 상극으로 조절해서 오행성격특성 사이의 조화가 이루어지게 합니다.

　모델8의 오행성격의 목과 금은 사주 8자에 분포수가 목1개, 금0개로 오행성격 평균분포수 1.6개(사주 8자÷오행 5자=1.6개)인 중간단계보다 적은 약점성격입니다. 장점성격인 화와 수는 목과 상생관계이므로 화와 수가 목에게 충분한 도움을 주어 목의 오행성격특성의 역할을 중간단계까지 끌어올릴 가능성이 매우 높습니다.(화생목+수생목)

　장점성격인 토와 수는 금과 상생관계이므로 토와 수가 금에게 충분한 도움을 주어 금의 오행성격특성의 역할을 중간단계 가까이 끌어올릴 가능성이 매우 높습니다.(토생금+수생금) 갈레노스처럼 어릴 적부터 부모에게 배움과 훈련을 성실하게 받은 사람은 금의 성격인 성실함과 목의 성격인 도전정신이 자연스럽게 상황에 따라 행동으로 나타납니다. 습관은 제2의 천성입니다. 갈레노스의 목과 금의 오행성격특성은 이미 장점성격이 되어있었습니다.

금은 목과 화와 상극관계입니다. 금은 화의 신경과민과 불안을 완화시켜 주는 멘토 역할을 합니다.(금극화) 금은 목의 과도한 욕심, 욕망과 경솔한 행동을 조절해 줍니다.(금극목) 목은 금의 머뭇거리는 행동을 조절해 줍니다.(목극금) 화는 금의 냉정한 행동을 정감 있는 행동으로 바꾸도록 멘토를 해줍니다.(화극금)

갈레노스는 어릴 적부터 부모님의 훌륭한 교육과 훈련으로 갈레노스의 약점성격인 목과 금이 장점성격이 되었습니다. 갈레노스는 타고난 장점성격인 화, 토, 수의 오행성격특성을 제대로 발휘한 본보기입니다. 그의 5개 오행성격특성이 조화와 팀워크를 이루어 고대 의학의 완성자로 현대의학의 발전에 매우 큰 역할을 하였습니다. 갈레노스는 자기의 오행성격특성의 팀워크로 자기성취의 열쇠를 가지게 되었습니다.

당신은 상생과 상극을 활용하여 당신의 오행성격특성 사이의 조화를 이루게 하면, 당신의 오행성격특성 팀워크 능력이 배가 되며 당신의 다양한 잠재력을 실현하게 될 가능성이 높아집니다. 당신은 오행성격특성의 팀워크로 자기성취의 열쇠를 가지게 됩니다.

이기적 행동과 이타적 행동의 균형은 당신의 행복 열쇠

인간의 생물본능은 자연환경의 창조품입니다.
인간의 사회본능은 사회생태계의 창조품입니다.
오행의 '목'과 '화'의 성격특성행동은 인간의 생물본능이 근원입니다.

오행의 '금'과 '수'의 성격특성행동은 인간의 사회본능이 근원입니다. 인간의 이기적 행동은 '목'과 '화' 성격에서 태어났습니다. 인간의 이타적 행동은 '금'과 '수' 성격에서 태어났습니다.

이기적 행동을 하는 사람은 재산, 명예, 지위 등 자아성취에 몰두할 가능성이 높습니다. 이타적 행동을 하는 사람은 다른 사람들을 더 많이 돕고 다정하며 이해심이 깊고 선행을 즐깁니다. 그러나 자기 성취의 가능성은 낮습니다. 공중에 친 줄 위로 안정되게 줄타기하는 곡예사는 장대를 들고 무게 중심을 좌우로 계속 옮기면서 걷습니다. 관객들의 마음은 조마조마하지만 곡예사는 균형을 잘 잡으며 걷습니다. 줄타기 기술은 장대의 무게 중심을 계속해서 좌우로 옮기는 데 있습니다. 이렇게 역동적 균형을 유지합니다.

대부분의 사람은 매일매일 상황에 따라 이기적 행동과 이타적 행동의 균형을 유지합니다. 이기적 행동과 이타적 행동 중에 하나가 어느 한쪽으로 기울어져 있으면 대부분의 사람은 행복한 마음에 머물러 있기가 어렵습니다. 이기적인 행동과 이타적 행동의 균형을 맞추려는 노력을 일상생활에서 계속하면 우리는 행복한 마음으로 생활할 수 있습니다. 당신은 손안에 행복의 열쇠를 쥐고 있습니다.

모델8의 성격소유자는 이기적 행동(화2개)과 이타적 행동(수2개)의 균형을 이루고 있습니다. 이기적 행동의 뿌리인 장점성격 화의 성격과 이타적 행동의 뿌리인 장점성격 수의 성격이 균형을 이루고 있습니다. 모델8의 성격소유자는 손안에 행복의 열쇠를 쥐고 있습니다. 갈레노스는 이기적 행동(화2개)과 이타적 행동(수2개)이 균형을 이루고 있습니다. 그는 의학의 저술(장점성격인 목·화)과 치료(장점성격인 금·수)의 균형을 이루며 일생을 행복하게 생활한 것으로 보입니다.

우리는 타고난 생물본능과 사회본능을 우리의 마음속에 함께 가지고 있습니다. 이것이 인간(人間)의 숙명(fate)입니다.

모델9의 오행성격 특성은 화2개, 금3개, 목1개, 수1개, 토1개입니다.

당신의 목표는 당신의 행동 나침반

당신의 오행성격특성을 제대로 이해하는 것은 당신의 야망을 품은 목표를 찾아내는 데 도움이 됩니다. 당신의 타고난 재능인 오행장점성격과 당신이 계획한 목표가 꼭 들어맞을 때 그 목표에 대해 마음이 끌리게 됩니다. 즉, 신바람이 나서 즐거운 마음으로 시간 가는 줄 모르고 당신의 재능에 맞는 목표를 추구하게 됩니다. 또한 당신은 목표를 추구하고 이루기 위해 무의식적으로 강렬한 열정이 솟아납니다. 당신은 당신의 재능을 세상에 보여줄 수 있는 가장 적합한 장소와 기회가 있는 곳, 그리고 그곳의 사회환경을 합리적 사고로 정확하게 살펴보아야 합니다. 그러면 당신은 자연스럽게 그 목표를 추구하고자 하는 의지력이 강해지고 목표의 생명력이 길어집니다. 당신의 목표가 당신의 행동 나침반이 됩니다.

모델9의 장점성격은 화의 열정, 순발력과 창의력, 금의 성실 합리적 사고, 인내심과 학습능력입니다. 이 2개의 장점성격이 하나의 테마에 초점이 맞추어져 목표가 설정되었습니다. 이 목표가 행동의 나침반이 되었습니다.

모델9와 비슷한 장점성격(재능)을 가진 강상(태공)을 살펴보겠습니다. 강태공의 오행성격특성은 금3개, 토2개, 화2개, 목1개, 수0개입니다.

세월을 낚는 문왕과 무왕의 스승 강태공

강태공은 고대 은나라를 멸망시키고 주나라를 세운 무왕과 그의 아버지 은나라 제후인 문왕의 스승이었습니다. 문왕의 선조인 태공이 꿈에 바라던 인물이 나타났다고 하여 강상을 태공망, 강태공으로 부르게 되었다고 합니다. 은나라 말 강태공은 주왕의 폭정으로 시골에서 숨어서 군사를 활용하는 방법에 대한 병법서 『육도』를 집필하였습니다. 그는 주역체계에 대한 연구를 깊이 하였습니다. 강태공은 오직 공부에 전념하여 세상에 나갈 준비를 오랫동안 하였습니다.(금3개+화2개) 강태공은 문왕과 그의 동생인 주공의 스승이 되었습니다. 강태공은 문왕의 아들 무왕을 도와서 은나라를 멸망시키고 주나라를 건국시킨 일등공신입니다. 강태공은 문왕과 주공을 도와 주나라 문물제도의 기초를 세운 것으로 생각됩니다. 문왕이 8괘를 64괘사로 설명하고 주공은 64괘에 각각 육효를 붙여 384효에 자세한 설명을 하여 주역의 체계를 세웠습니다. 주역체계 확립에 강태공의 역할이 많았을 것으로 생각됩니다.

오행성격특성의 팀워크는 당신의 성취 열쇠

모델9의 오행성격특성 팀워크는 오행약점성격을 상생으로 보완하여 팀의 능력과 잠재력을 높일 수 있습니다. 팀은 오행장점성격을 상극으로 조절해서 오행성격특성 사이의 조화가 이루어지게 합니다. 팀이 상생과 상극 활용으로 팀의 성취를 이루어 낼 수 있습니다.

모델9의 오행성격의 목, 수, 토는 사주 8자에 분포수가 각각 1개로 오행성격 평균분포수 1.6개(사주 8자÷오행 5자=1.6개)인 중간단계보다 적은 약점성격입니다. 장점성격인 화는 목과 상생관계이므로 화가 목에게 상당한 도움을 주어 목의 오행성격특성의 역할을 중간단계 가까이 끌어올릴 가능성이 있습니다.(화생목) 장점성격인 금이 3개로 수와 상생관계이므로 금이 수에게 충분한 도움을 주어 수의 오행성격특성의 역할을 중간단계 가까이 끌어올릴 가능성이 매우 높습니다.(금생수) 금과 화는 토와 상생관계이므로 금과 화는 토에게 충분한 도움을 주어 토의 오행성격특성의 역할을 중간단계 비슷하게 끌어올릴 가능성이 매우 높습니다.(금생토+화생토)

금은 목과 화와 상극관계이므로 금은 화의 신경과민과 불안을 완화시켜 주는 멘토 역할을 합니다.(금극화) 금은 목의 과도한 욕심, 욕망과 경솔한 행동을 조절해 줍니다.(금극목) 목은 금의 머뭇거리는 행동을 조절해 줍니다.(목극금) 화는 금의 냉정한 행동을 정감 있는 행동으로 바꾸도록 멘토를 해줍니다.(화금금) 토와 수는 상극관계입니다. 토는 수의 미지근한 행동을 조절해 줍니다.(토극수)

강태공은 합리적인 사고와 성실함, 인내심과 끈기가 강합니다. 그는 학습 능력이 매우 뛰어나고 배움에 대한 집념이 매우 강한 장점성격인 금이 3개입니다. 중간단계 비슷한 토의 성격을 가진 강태공은 옛 경험과 지식으로부터 자유로운 열린 마음으로 새로운 국가 통치제도에 봉건제도를 처음 실시하였습니다. 주나라의 봉건제도 혁신은 강태공의 공적으로

생각됩니다.(화2개) 강태공의 장점성격 금과 화는 약점성격인 목과 수에게
도움을 주어 오행성격 역할을 상생 활용으로 강화하였습니다. 강태공은
자기의 오행성격특성 사이를 조화가 이루어지게 되었습니다. 강태공은
자기의 오행성격의 팀워크로 자기성취의 열쇠를 가지게 되었습니다.

당신은 상생과 상극을 활용하여 당신의 오행성격특성 사이의 조화
를 이루게 하면 당신의 오행성격특성 팀워크 능력이 배가 되며 당신의
다양한 잠재력을 실현하게 될 가능성이 높아집니다. 당신은 오행성격
특성의 팀워크로 당신은 자기 성취의 열쇠를 가지게 됩니다.

이기적 행동과 이타적 행동의 균형은 당신의 행복 열쇠

인간의 생물본능은 자연환경의 창조품입니다.
인간의 사회본능은 사회생태계의 창조품입니다.
오행의 '목'과 '화'의 성격특성행동은 인간의 생물본능이 근원입니다.
오행의 '금'과 '수'의 성격특성행동은 인간의 사회본능이 근원입니다.
인간의 이기적 행동은 '목'과 '화' 성격에서 태어났습니다.
인간의 이타적 행동은 '금'과 '수' 성격에서 태어났습니다.

이기적 행동을 하는 사람은 재산, 명예, 지위 등 자아성취에 몰두할
가능성이 높습니다. 이타적 행동을 하는 사람은 다른 사람들을 더 많
이 돕고 다정하며 이해심이 깊고 선행을 즐깁니다. 그러나 자기 성취의
가능성은 낮습니다. 공중에 친 밧줄 위로 안정되게 줄타기하는 곡예사

는 장대를 들고 무게 중심을 좌우로 계속 옮기면서 걷습니다. 관객들의 마음은 조마조마 하지만 곡예사는 균형을 잘 잡으며 걷습니다. 줄타기 기술은 장대의 무게 중심을 계속해서 좌우로 옮기는 데 있습니다. 이렇게 역동적 균형을 유지합니다.

대부분의 사람은 매일매일 상황에 따라 이기적 행동과 이타적 행동의 균형을 유지합니다. 이기적 행동과 이타적 행동 중 하나가 어느 한쪽으로 기울어져 있으면 대부분 사람은 행복한 마음에 머물러 있기가 어렵습니다. 이기적인 행동과 이타적 행동의 균형을 맞추려는 노력을 일상생활에서 계속하면 우리는 행복한 마음으로 생활할 수 있습니다. 당신은 손안에 행복의 열쇠를 쥐고 있습니다.

모델9의 성격 소유자는 이기적 행동(화2개)과 이타적 행동(금3개)의 균형을 이루고 있습니다. 이기적 행동의 뿌리인 장점성격 화의 성격과 이타적 행동의 뿌리인 장점성격 금의 성격이 균형을 이루고 있습니다. 모델9의 성격소유자는 손안에 행복의 열쇠를 쥐고 있습니다.

강태공은 이기적 행동(장점성격 화2개)과 이타적 행동(장점성격 금3개)이 균형을 이루고 있습니다. 그는 이타적 행동으로 주나라 건국 제도 확립에 온 정성을 쏟았습니다. 한편으로는 이기적 행동으로 제나라 군주가 되었습니다. 강태공은 손안에 행복의 열쇠를 쥐고 있습니다.

우리는 타고난 생물본능과 사회본능을 우리의 마음속에 함께 가지고 있습니다. 이것이 인간(人間)의 숙명(fate)입니다.

116

모델10의 오행성격 특성은 화3개, 토2개, 금1개. 수1개, 목1개입니다.

당신의 목표는 당신의 행동 나침반

당신의 오행성격특성을 제대로 이해하는 것은 당신의 야망을 품은 목표를 찾아내는 데 도움이 됩니다. 당신의 타고난 재능인 오행장점성격과 당신이 계획한 목표가 꼭 들어맞을 때 그 목표에 대해 마음이 끌리게 됩니다. 즉, 신바람이 나서 즐거운 마음으로 시간 가는 줄 모르고 당신의 재능에 맞는 목표를 추구하게 됩니다. 또한 당신은 목표를 추구하고 이루기 위해 무의식적으로 강렬한 열정이 솟아납니다. 당신은 당신의 재능을 세상에 보여줄 수 있는 가장 적합한 장소와 기회가 있는 곳, 그리고 그곳의 사회환경을 합리적 사고로 정확하게 살펴보아야 합니다. 그러면 당신은 자연스럽게 그 목표를 추구하고자 하는 의지력이 강해지고 목표의 생명력이 길어집니다. 당신의 목표가 당신의 행동 나침반이 됩니다.

모델10의 장점성격은 화의 창의력, 순발력과 열정, 그리고 토의 열린 마음, 포용, 지도력과 인내심, 끈기입니다. 화와 토의 장점성격이 하나의 테마에 초점이 맞추어져 목표가 설정되었습니다. 이 목표가 모델10의 행동의 나침반이 되었습니다. 모델10과 비슷한 장점성격을 가진 에디슨을 살펴보겠습니다. 에디슨의 오행성격 특성은 화3개, 토2개, 목1개, 금1개, 수1개입니다.

호기심과 실험으로 발명왕이 된 에디슨

에디슨은 어린 시절부터 만물에 대한 호기심이 많았습니다. 그는 당시의 초등학교 주입식 교육에 적응하지 못하고 초등학교 1학년 3개월 만에 학교를 중단했습니다. 에디슨은 뛰어난 창의력(화3개)과 옛 경험과 지식으로부터 자유로운 열린 마음을 가진 성격이었습니다.(토2개) 다행히 전직교사였던 어머니는 에디슨의 재능(화의 장점성격과 토의 장점성격)을 알아보았습니다. 그의 어머니는 에디슨의 호기심을 부추기고 과학책을 읽게 하였습니다.(약점성격인 목을 성격강점으로 강화)

에디슨의 어머니는 에디슨이 직접 과학실험을 할 수 있도록 공간도 마련해 주었습니다. 에디슨의 어머니는 에디슨의 정신적, 육체적 고통을 참고 견디는 인내심과 끈기를 어릴 적부터 길러주었습니다. 에디슨 어머니의 교육과 훈련은 에디슨의 약점성격 '금'을 성격강점으로 만들어 주었습니다. 에디슨은 1879년 탄소필라멘트를 사용하여 백열전등을 발명하였습니다. 그 당시 기자회견에서 기자가 에디슨에게 '당신은 1999번 실험에 실패하고 2000번 만에 성공하셨지요?'라고 질문하자 에디슨은 '1999번의 실험은 실패가 아니라 백열등을 발명하는 성공의 과정이었습니다.' 에디슨은 '무엇을 발명하는 것은 1% 영감이고 99%가 노력'이라는 명언을 남겼습니다. 에디슨은 연구소를 설립하고 연구소 내에서 생활하면서 하루에 18시간이나 일했습니다. '나는 일생에 단 하루도 일한 적이 없다. 나는 18시간 동안 즐거운 놀이를 했다.' 에디슨은 1093개의 미국특허를 냈습니다. 대표적인 그의 발명품이 2332개나 된다고 합니다.

오행성격특성의 팀워크는 당신의 성취 열쇠

　모델10의 오행성격특성 팀워크는 오행약점성격을 상생으로 보완하여 팀의 능력과 잠재력을 높일 수 있습니다. 팀은 오행장점성격을 상극으로 조절해서 오행성격특성 사이의 조화가 이루어지게 합니다. 팀의 상생과 상극활용으로 팀의 성취를 이루어 낼 수 있습니다.

　모델10의 오행성격의 목, 금, 수는 사주 8자에 분포수가 각각 1개로 오행성격 평균분포수 1.6개(사주 8자÷오행 5자=1.6개)인 중간단계보다 적은 약점성격입니다. 장점성격인 화는 목과 상생관계이며, 화가 3개인 장점이 강렬하여 목에게 충분한 도움을 주어 목의 오행성격특성의 역할을 중간단계 가까이 끌어올릴 가능성이 매우 높습니다.(화생목) 장점성격인 토는 금과 상생관계이므로 토가 금에게 상당한 도움을 주어 금의 오행성격특성의 역할을 중간단계 가까이 끌어올릴 가능성이 있습니다.(토생금)

　장점성격인 토는 상황에 따라 상생과 상극을 선택해서 할 수 있는 특징을 가지고 있습니다. 모델10의 수처럼 목과 금에게서 도움을 받을 수 없는 상황에서 토는 상생역할을 선택하게 됩니다. 장점성격인 토는 수와 상생관계가 되어서 토가 수에게 상당한 도움을 주어 수의 오행성격특성의 역할을 중간단계 가까이 끌어올릴 가능성이 있습니다.(토생수)

　금은 목과 화와 상극관계이므로 금은 화의 신경과민과 불안을 완화시켜 주는 멘토 역할을 합니다.(금극화) 금은 목의 과도한 욕심, 욕망과 경솔한 행동을 조절해 줍니다.(금극목) 화는 금의 냉정한 행동을 정감 있는 행동으로 바꾸도록 멘토를 해줍니다.(화극금) 목은 금의 머뭇거리는 행동을 조절해 줍니다.(목극금)

에디슨은 어릴 적부터 어머니의 육체적, 정신적 교육과 훈련을 받았습니다. 어린 에디슨에 대한 어머니의 교육과 훈련은 에디슨의 금의 성격을 강화시켜 약점성격인 금의 성격을 장점성격으로 바꾸었습니다. 교육과 훈련은 제2천성을 만듭니다. 결과적으로 에디슨은 성실함, 합리적 사고, 학습 능력과 인내심, 끈기 있는 금의 장점성격을 가지게 되었습니다. 에디슨의 화의 장점성격은 창의력을 발휘하게 하였습니다. 에디슨의 토의 장점성격은 옛 경험과 지식으로부터 자유로워 새로운 아이디어를 창안하고 타인 혁신과 새로운 아이디어를 가지게 되었습니다. 에디슨은 새로운 아이디어를 제품화시키는데 끊임없는 성실한 노력과 인내심, 끈기를 보여주었습니다. 2000번의 실험과정을 통해서 백열전등을 발명한 것이 에디슨의 화, 토, 금의 장점성격, 즉 재능을 제대로 보여준 본보기입니다. 에디슨은 오행성격특성의 팀워크로 자기성취의 열쇠를 가지게 되었습니다.

당신은 상생과 상극을 활용하여 당신의 오행성격특성 사이의 조화를 이루게 하면 당신의 오행성격특성 팀워크 능력이 배가 되며 당신의 다양한 잠재력을 실현하게 될 가능성이 높아집니다. 당신은 오행성격특성의 팀워크로 당신은 자기성취의 열쇠를 가지게 됩니다.

이기적 행동과 이타적 행동의 균형은 당신의 행복 열쇠

인간의 생물본능은 자연환경의 창조품입니다.

인간의 사회본능은 사회생태계의 창조품입니다.

오행의 '목'과 '화'의 성격특성행동은 인간의 생물본능이 근원입니다.

오행의 '금'과 '수'의 성격특성행동은 인간의 사회본능이 근원입니다.

인간의 이기적 행동은 '목'과 '화' 성격에서 태어났습니다.

인간의 이타적 행동은 '금'과 '수' 성격에서 태어났습니다.

이기적 행동을 하는 사람은 재산, 명예, 지위 등 자아성취에 몰두할 가능성이 높습니다. 이타적 행동을 하는 사람은 다른 사람들을 더 많이 돕고 다정하며 이해심이 깊고 선행을 즐깁니다. 그러나 자기 성취의 가능성은 낮습니다. 공중에 친 밧줄 위로 안정되게 줄타기하는 곡예사는 장대를 들고 무게 중심을 좌우로 계속 옮기면서 걷습니다. 관객들의 마음은 조마조마 하지만 곡예사는 균형을 잘 잡으며 걷습니다. 줄타기 기술은 장대의 무게 중심을 계속해서 좌우로 옮기는 데 있습니다. 이렇게 역동적 균형을 유지합니다.

대부분의 사람은 매일매일 상황에 따라 이기적 행동과 이타적 행동의 균형을 유지합니다. 이기적 행동과 이타적 행동 중 하나가 어느 한쪽으로 기울어져 있으면 대부분 사람은 행복한 마음에 머물러 있기가 어렵습니다. 이기적인 행동과 이타적 행동의 균형을 맞추려는 노력을 일상생활에서 계속하면 우리는 행복한 마음으로 생활할 수 있습니다.

당신은 손안에 행복의 열쇠를 쥐고 있습니다.

　모델10의 성격소유자는 이기적 행동(화3개)과 이타적 행동(토2개)의 균형을 이루고 있습니다. 이기적 행동의 뿌리인 장점성격 화의 성격과 이타적 행동의 뿌리인 장점성격 토의 성격이 균형을 이루고 있습니다.

　토는 이타적인 금과 수의 장점성격이 없을 때 금과 수의 역할을 대리할 수 있습니다. 모델10의 성격소유자와 에디슨은 손안에 행복의 열쇠를 쥐고 있습니다.

　우리는 타고난 생물본능과 사회본능을 우리의 마음속에 함께 가지고 있습니다. 이것이 인간(人間)의 숙명(fate)입니다.

당신의 목표는 당신의 행동 나침반

당신의 오행성격특성을 제대로 이해하는 것은 당신의 야망을 품은 목표를 찾아내는 데 도움이 됩니다. 당신의 타고난 재능인 오행장점성격과 당신이 계획한 목표가 꼭 들어맞을 때 그 목표에 대해 마음이 끌리게 됩니다. 즉, 신바람이 나서 즐거운 마음으로 시간 가는 줄 모르고 당신의 재능에 맞는 목표를 추구하게 됩니다. 또한 당신은 목표를 추구하고 이루기 위해 무의식적으로 강렬한 열정이 솟아납니다. 당신은 당신의 재능을 세상에 보여줄 수 있는 가장 적합한 장소와 기회가 있는 곳, 그리고 그곳의 사회환경을 합리적 사고로 정확하게 살펴보아야 합니다. 그러면 당신은 자연스럽게 그 목표를 추구하고자 하는 의지력이 강해지고 목표의 생명력이 길어집니다. 당신의 목표가 당신의 행동 나침반이 됩니다.

모델11의 장점성격은 토의 열린 마음, 포용, 지도력과 인내심, 끈기, 그리고 금의 성실, 합리적 사고, 인내심과 학습 능력, 수의 친화성, 유연성과 공감능력입니다. 이 3개의 장점성격이 하나의 테마에 초점이 맞추어져 목표가 설정되었습니다. 이 목표가 행동의 나침반이 되었습니다. 모델11과 비슷한 장점성격을 가진 타고르를 살펴보겠습니다. 타고르의 오행성격특성은 토2개, 금2개, 수2개, 목1개, 화1개입니다.

노벨문학상을 받은 인도의 시인, 화가. 철학자 <u>타고르</u>

타고르는 아시아에서 처음으로 노벨문학상을 수상했습니다. 타고르는 시인, 화가, 역사가, 철학자, 작사, 작곡가, 교육자로 다방면에서 그의 천재적 재능을 발휘하였습니다.

타고르는 인도 4계급 최상위인 브라만 가문에서 태어났습니다. 타고르의 아버지는 힌두교개혁에 관심을 두어 위대한 성자라는 호칭까지 받으신 분이었습니다. 벵골 문예부흥의 중심이었던 가정환경에서 8세 때부터 시를 쓰기 시작하였습니다. 타고르는 16세에 시집 『들꽃』을 출간했습니다. 타고르의 초기작품은 유머가 풍부했습니다. 그의 시는 갈수록 현실적이고 종교적인 색채가 강해졌습니다. 타고르는 교육과 독립운동에 힘을 쏟았습니다. 타고르는 방글라데시 국가와 인도 국가를 작사, 작곡했습니다. 타고르는 아버지 교육의 영향으로 이성적이고 합리적인 사고가 더욱 강화된 것으로 생각됩니다.(금2개) 그는 열린 마음의 성격이어서(토2개) 서양문화와 인도문화를 포용한 것으로 보입니다. 타고르는 식민지의 지식인이 겪는 독립에 대한 강렬한 소망과 제국주의에 대한 분노를 느끼면서도 현실상황에 맞추어 객관적인 판단으로 유연하게 대응한 것으로 생각됩니다.(수2개) 타고르는 공감 능력이 높아 같은 식민지 처지에 있는 대한민국에 대한 연민의 정이 있어 「동방의 등불」이라는 시로 한국 국민들에게 위로를 전했습니다. 타고르는 깊은 물처럼 생각이 깊어 명상 생활을 많이 한 것으로 보입니다.(수2개)

오행성격특성의 팀워크는 당신의 성취 열쇠

모델11의 오행성격특성 팀워크는 오행약점성격을 상생으로 보완하여 팀의 능력과 잠재력을 높일 수 있습니다. 팀은 오행장점성격을 상극으로 조절해서 오행성격특성 사이의 조화가 이루어지게 합니다.

모델11의 오행성격의 목과 화는 사주 8자에 분포수가 각각 1개로 오행성격 평균분포수 1.6개(사주 8자÷오행 5자=1.6개)인 중간단계보다 적은 약점성격입니다. 장점성격인 수는 목과 상생관계이므로 수가 목에게 상당한 도움을 주어 목의 오행성격특성의 역할을 중간단계 가까이 끌어올릴 가능성이 있습니다.(수생목) 장점성격인 토는 화와 상생관계이므로 토가 화에게 상당한 도움을 주어 화의 오행성격특성의 역할을 중간단계 가까이 끌어올릴 가능성이 있습니다.(토생화)

금은 목과 화와 상극관계이므로 금은 화의 신경과민과 불안을 완화시켜 주는 멘토 역할을 합니다.(금극화) 금은 목의 과도한 욕심, 욕망과 경솔한 행동을 조절해 줍니다.(금극목) 화는 금의 냉정한 마음을 정감 있는 행동으로 바꾸도록 멘토를 해줍니다. 목은 금의 머뭇거리는 행동을 조절해 줍니다.(목극금)

타고르는 어릴 적부터 아버지의 교육과 훈련으로 금의 성격인 합리적이며 이성적이고, 성실함이 더 강화된 것으로 생각됩니다. 타고르는 열린 마음의 성격을 가지고 있어서 서양문화와 인도문화를 포용한 것으로 생각됩니다.(토2개) 그는 공감능력이 높아 동아시아 동쪽 끝에 있는 대한민국에 대한 연민의 정이 있었습니다. 그는 「동방의 등불」이라는 시로 한국 국민에게 위로와 희망의 등불을 밝혀 주었습니다.(수2개) 타고르는 제국주의에 대한 분노를 명상으로 마음을 안정시켰습니다.(금극화) 타고르는 조국독립을 위해 교육과 독립운동에 적극적인 태도를 가졌습니다. 타고르의 오행성격특성은 상생과 상극으로 오행성격특성 사이를 조화가 이루어지게 하였습니다. 타고르는 자기의 오행성격특성의 팀워크로 찬란한 자기성취의 열쇠를 가지게 되었습니다.

당신은 상생과 상극을 활용하여 당신의 오행성격특성 사이의 조화를 이루게 하면, 당신의 팀워크 능력이 배가 되며 당신의 다양한 잠재력이 실현하게 될 가능성은 높아집니다. 당신의 오행성격특성의 팀워크로 당신은 자기성취의 열쇠를 가지게 됩니다.

이기적 행동과 이타적 행동의 균형은 당신의 행복 열쇠

인간의 생물본능은 자연환경의 창조품입니다.
인간의 사회본능은 사회생태계의 창조품입니다.
오행의 '목'과 '화'의 성격특성행동은 인간의 생물본능이 근원입니다.
오행의 '금'과 '수'의 성격특성행동은 인간의 사회본능이 근원입니다.
인간의 이기적 행동은 '목'과 '화' 성격에서 태어났습니다.
인간의 이타적 행동은 '금'과 '수' 성격에서 태어났습니다.

이기적 행동을 하는 사람은 재산, 명예, 지위 등 자아성취에 몰두할 가능성이 높습니다. 이타적 행동을 하는 사람은 다른 사람들을 더 많이 돕고 다정하며 이해심이 깊고 선행을 즐깁니다. 그러나 자기 성취의 가능성은 낮습니다. 공중에 친 밧줄 위로 안정되게 줄타기하는 곡예사는 장대를 들고 무게 중심을 좌우로 계속 옮기면서 걷습니다. 관객들의 마음은 조마조마 하지만 곡예사는 균형을 잘 잡으며 걷습니다. 줄타기 기술은 장대의 무게 중심을 계속해서 좌우로 옮기는 데 있습니다. 이렇게 역동적 균형을 유지합니다.

대부분의 사람은 매일매일 상황에 따라 이기적 행동과 이타적 행동의 균형을 유지합니다. 이기적 행동과 이타적 행동 중 하나가 어느 한쪽으로 기울어져 있으면 대부분 사람은 행복한 마음에 머물러 있기가 어렵습니다. 이기적인 행동과 이타적 행동의 균형을 맞추려는 노력을 일상생활에서 계속하면 우리는 행복한 마음으로 생활할 수 있습니다. 당신은 손안에 행복의 열쇠를 쥐고 있습니다.

모델11의 성격소유자는 이기적 행동(토2개)과 이타적 행동(금2개)의 균형을 이루어 있습니다. 이타적 행동의 뿌리인 장점성격 금과 수와 이기적 행동의 뿌리인 약점성격 목과 수를 대신하는 장점성격 토와 균형을 이루었습니다. 이기적 행동의 뿌리인 목과 화가 약점이고 토가 장점성격일 경우 토가 목과 화의 약점성격을 대리할 수 있습니다. 모델11의 성격소유자와 타고르는 손안에 행복의 열쇠를 쥐고 있습니다.

우리는 타고난 생물본능과 사회본능을 우리의 마음속에 함께 가지고 있습니다. 이것이 인간(人間)의 숙명(fate)입니다.

모델12의 오행성격특성은 금3개, 수2개, 목1개, 화1개, 토1개입니다.

당신의 목표는 당신의 행동 나침반

당신의 오행성격특성을 제대로 이해하는 것은 당신의 야망을 품은 목표를 찾아내는 데 도움이 됩니다. 당신의 타고난 재능인 오행장점성격과 당신이 계획한 목표가 꼭 들어맞을 때 그 목표에 대해 마음이 끌리게 됩니다. 즉, 신바람이 나서 즐거운 마음으로 시간 가는 줄 모르고 당신의 재능에 맞는 목표를 추구하게 됩니다. 또한 당신은 목표를 추구하고 이루기 위해 무의식적으로 강렬한 열정이 솟아납니다. 당신은 당신의 재능을 세상에 보여줄 수 있는 가장 적합한 장소와 기회가 있는 곳, 그리고 그곳의 사회환경을 합리적 사고로 정확하게 살펴보아야 합니다. 그러면 당신은 자연스럽게 그 목표를 추구하고자 하는 의지력이 강해지고 목표의 생명력이 길어집니다. 당신의 목표가 당신의 행동 나침반이 됩니다.

모델12의 장점성격은 금의 합리적 사고, 성실, 인내심, 의지력과 학습능력이 강합니다. 수의 상상력, 통찰력과 공감능력, 친화력이 높습니다. 이 2개의 장점성격이 하나의 테마에 초점이 맞추어져 목표가 설정되었습니다. 이 목표가 행동의 나침반이 되었습니다. 모델12와 비슷한 장점성격을 가진 도킨스를 살펴 보겠습니다. 도킨스의 오행성격특성은 금3개, 수2개, 목1개, 화1개, 토1개입니다.

영국의 진화생물학자 도킨스

도킨스는 진화생물학자, 인본주의자, 과학적 합리주의자입니다. 도킨스는 케냐 나이로비에서 태어났습니다. 도킨스는 8세 때 부모님과 함께 영국으로 돌아왔습니다. 도킨스 부모님은 과학에 매우 흥미를 가지고 있었습니다. 가정환경이 과학에 대한 대화가 많아서 부모의 대화에 자주 참여 한 것으로 보입니다. 부모님의 과학에 대한 대화에 참여하기 위해서 도킨스는 과학에 대한 독서와 공부를 열심히 한 것으로 추측됩니다. 자연스럽게 도킨스의 학습능력이 높은 수준에 도달했을 것으로 생각됩니다.(금3개) 도킨스는 옥스퍼드 대학에 입학하여 동물학을 공부하였습니다. 도킨스가 노벨수상자인 니콜라스틴 버겐 교수의 지도를 받아 석사와 박사를 받은 것은 그의 생애에 커다란 행운이었습니다.

도킨스는 미국 버클리 대학 조교수로 재직했습니다. 도킨스 교수는 그 당시 베트남 반전운동에 참여한 행동가이고, 인본주의자였습니다. 도킨스 교수는 대중의 과학이해를 위한 과학책을 저술했습니다. 도킨스 교수의 깊은 상상력과 통찰력이 발휘되었습니다.(수2개) 『이기적 유전자』『만들어진 신』『눈먼 시계공』 등의 도킨스 교수의 저서들은 필자도 감명 깊게 읽고 소장하고 있습니다.

오행성격특성의 팀워크는 당신의 성취 열쇠

모델12의 오행성격특성 팀워크는 오행약점성격을 상생으로 보완하여 팀의 능력과 잠재력을 높일 수 있습니다. 팀은 오행장점성격을 상극으로 조절해서 오행성격특성 사이의 조화가 이루어지게 합니다. 팀의 상생과 상극활용으로 팀의 성취를 이루어 낼 수 있습니다.

모델12의 오행성격의 목, 토, 화는 사주 8자에 분포수가 각각 1개로 오행성격 평균분포수 1.6개(사주 8자÷오행 5자=1.6개)인 중간단계보다 적은 약점성격입니다. 장점성격인 수는 목과 상생관계이므로 수가 목에게 상당한 도움을 주어 목의 오행성격특성의 역할을 중간단계 가까이 끌어올릴 가능성이 있습니다.(수생목) 장점성격인 금은 토와 상생관계이므로 금이 토에게 충분한 도움을 주어 토의 오행성격특성의 역할을 중간단계 가까이 끌어올릴 가능성이 매우 높습니다.(금생토)

금은 목과 화와 상극관계입니다. 금은 화의 신경과민과 불안을 완화시켜 주는 멘토 역할을 합니다.(금극화) 금은 목의 과도한 욕심, 욕망과 경솔한 행동을 조절해 줍니다.(금극목) 화는 금의 냉정한 행동을 정감 있는 행동으로 바꾸도록 멘토를 해줍니다.(화극금) 목은 금의 머뭇거리는 행동을 조절해 줍니다.(목극금)

도킨스는 어릴 적부터 부모님의 교육과 훈련으로 금의 성격인 합리적인 사고, 성실함과 학습능력이 더 강화된 것으로 보입니다.(금3개) 도킨스의 베트남 반전 운동에 참여한 행동가적 성격은 수의 장점성격으로부터 도움을 받아 목의 오행성격특성이 활성화된 것으로 보입니다.(수생목) 금이 목의 경솔한 행동을 조절한 효과도 있는 것으로 보입니다.(금극목) 도킨스가 저명한 언론매체의 편집장으로 지도력을 보인 것은 도킨스의 금의 성격이 토의 성격역할을 활성화시킨 결과로 보입니다.(금생토) 도킨스의 성격강점인 금의 장점성격과 수의 장점성격이 서로 돕고 약점성격인 목, 화, 토가 상생으로 활성화되었습니다. 도킨스의 오행성격특성은 상생과 상극으로 오행성격특성 사이를 조화가 이루어지게 하였습니다. 도킨스는 자기의 오행성격특성의 팀워크로 자기성취의 열쇠를 가지게 하였습니다.

당신은 상생과 상극을 활용하여 당신의 오행성격특성 사이의 조화를 이루게 하면 당신의 오행성격특성 팀워크 능력이 배가 되며 당신의 다양한 잠재력을 실현하게 될 가능성이 높아집니다. 당신은 오행성격특성의 팀워크로 당신은 자기성취의 열쇠를 가지게 됩니다.

이기적 행동과 이타적 행동의 균형은 당신의 행복 열쇠

인간의 생물본능은 자연환경의 창조품입니다.
인간의 사회본능은 사회생태계의 창조품입니다.
오행의 '목'과 '화'의 성격특성행동은 인간의 생물본능이 근원입니다.
오행의 '금'과 '수'의 성격특성행동은 인간의 사회본능이 근원입니다.
인간의 이기적 행동은 '목'과 '화' 성격에서 태어났습니다.
인간의 이타적 행동은 '금'과 '수' 성격에서 태어났습니다.

이기적 행동을 하는 사람은 재산, 명예, 지위 등 자아성취에 몰두할 가능성이 높습니다. 이타적 행동을 하는 사람은 다른 사람들을 더 많이 돕고 다정하며 이해심이 깊고 선행을 즐깁니다. 그러나 자기 성취의 가능성은 낮습니다. 공중에 친 밧줄 위로 안정되게 줄타기하는 곡예사는 장대를 들고 무게 중심을 좌우로 계속 옮기면서 걷습니다. 관객들의 마음은 조마조마 하지만 곡예사는 균형을 잘 잡으며 걷습니다. 줄타기 기술은 장대의 무게 중심을 계속해서 좌우로 옮기는 데 있습니다. 이렇게 역동적 균형을 유지합니다.

대부분의 사람은 매일매일 상황에 따라 이기적 행동과 이타적 행동의 균형을 유지합니다. 이기적 행동과 이타적 행동 중 하나가 어느 한 쪽으로 기울어져 있으면 대부분 사람은 행복한 마음에 머물러 있기가 어렵습니다. 이기적인 행동과 이타적 행동의 균형을 맞추려는 노력을 일상생활에서 계속하면 우리는 행복한 마음으로 생활할 수 있습니다. 당신은 손안에 행복의 열쇠를 쥐고 있습니다.

모델12의 성격소유자는 이기적 행동(약점성격인 목1개, 화1개)과 이타적 행동(장점성격인 금3개, 수2개) 쪽으로 기울어져 있습니다. 이기적 행동의 뿌리인 약점성격 목과 화가 상생으로 중간단계 가까이 활성화되어 있습니다. 모델12의 성격소유자는 목과 화의 오행성격특성들을 가끔 읽고 행동으로 옮기는 연습을 하면 자기성취를 할 가능성이 높아집니다.

도킨스 교수는 어릴 적부터 교육과 훈련으로 약점성격인 목과 화의 성격특성도 강화된 것으로 보입니다. 도킨스 교수의 과학에 대한 열정은 화의 성격특성입니다. 도킨스 교수가 대중의 과학이해를 위한 훌륭한 과학책들을 저술한 것은 그의 확고한 목표가 있었으며 베트남 반전 행동은 약점성격인 목의 성격특성을 장점성격으로 강화한 것입니다. 도킨스 교수의 이기적 행동과 이타적 행동이 자연스럽게 균형을 이루게 되었습니다. 도킨스 교수는 손안에 행복의 열쇠를 쥐고 있습니다.

우리는 타고난 생물본능과 사회본능을 우리의 마음속에 함께 가지고 있습니다. 이것이 인간(人間)의 숙명(fate)입니다.

모델13의 오행성격특성은 토3개, 금2개, 목1개, 화1개, 수1개입니다.

당신의 목표는 당신의 행동 나침반

당신의 오행성격특성을 제대로 이해하는 것은 당신의 야망을 품은 목표를 찾아내는 데 도움이 됩니다. 당신의 타고난 재능인 오행장점성격과 당신이 계획한 목표가 꼭 들어맞을 때 그 목표에 대해 마음이 끌리게 됩니다. 즉, 신바람이 나서 즐거운 마음으로 시간 가는 줄 모르고 당신의 재능에 맞는 목표를 추구하게 됩니다. 또한 당신은 목표를 추구하고 이루기 위해 무의식적으로 강렬한 열정이 솟아납니다. 당신은 당신의 재능을 세상에 보여줄 수 있는 가장 적합한 장소와 기회가 있는 곳, 그리고 그곳의 사회환경을 합리적 사고로 정확하게 살펴보아야 합니다. 그러면 당신은 자연스럽게 그 목표를 추구하고자 하는 의지력이 강해지고 목표의 생명력이 길어집니다. 당신의 목표가 당신의 행동 나침반이 됩니다.

모델13의 장점성격은 토의 열린 마음, 포용, 신뢰와 지도력입니다. 여기에 금의 합리적 사고, 성실, 인내심, 의지력과 학습능력이 강합니다. 이 2개의 장점성격이 하나의 테마에 초점이 맞추어져 목표가 설정되었습니다. 이 목표가 행동의 나침반이 되었습니다. 모델13과 비슷한 장점성격을 가진 빌 게이츠를 살펴보겠습니다. 빌 게이츠의 오행성격특성은 토3개, 금2개, 목1개, 화1개, 수1개입니다.

마이크로소프트사의 설립자 빌 게이츠

　빌게이츠의 아버지는 저명한 변호사이고 어머니는 교사였습니다. 빌게이츠는 어릴 적부터 부모님의 독서에 대한 교육과 성원으로 독서하는 습관이 자연스럽게 길러진 것으로 보입니다. 빌 게이츠는 모두가 인정하는 독서광이 되었습니다. 그는 일 년에 50여 권의 책을 읽고 독후감을 남깁니다. 그는 독서가 자기의 인생을 이끄는 나침반으로 생각한 것 같습니다. 빌게이츠는 '인간은 배움을 멈추지 않는 한 노쇠하지 않는다'는 명언을 남겼습니다. 그는 독서는 성취에 확실한 필수요소임을 강조하였습니다. 빌게이츠는 '독서가 그에게 세상에 대한 호기심을 끊임없이 공급해 준다'고 하였습니다. 그 호기심, 새롭고 낯선 것에 끌리는 마음이 빌게이츠가 사업을 하도록 이끌었다고 합니다. 빌게이츠의 약점성격이 그의 독서로 목의 성격인 호기심을 강화시켜 장점성격으로 바뀌었습니다.

　빌게이츠는 13세 때 상류층 사립학교에 입학하였습니다. 빌게이츠는 고등학교를 졸업 후 하버드 대학교 법학과에 진학했습니다. 그는 재학 중에 자신의 재능을 발견하고 친구 폴 앨런과 함께 마이크로소프트사를 창업한 후 변호사의 꿈을 중단했습니다. 빌게이츠는 개인용 컴퓨터가 컴퓨터산업을 주도하고 소프트웨어가 도약의 기회가 될 것이라고 미래를 예견했습니다. 빌게이츠의 예견은 과학역사의 발전과정의 기본적인 틀을 이해하고 활용한 것입니다. 빌게이츠는 '독서의 기억법의 핵심은 맥락이다'라고 말했습니다. 우리는 과거 역사, 맥락을 더듬어보면 과거의 기본적인 틀을 알 수 있습니다. 우리는 과거의 기본적인 틀로 현재를 이해하고 미래를 예측할 수 있습니다. 빌게이츠는 어릴 적부터 받은 독서에 대한 교육으로 독서를 할 때는 항상 맥락에 주안점을 둔 것으로 생각됩니다.

빌게이츠의 열린 마음은 지속적인 쌍방향 소통을 통해 새로운 아이디어를 창안할 수 있었으며 타인의 새로운 아이디어와 혁신도 즐겁게 받아들였을 것으로 생각됩니다. 빌게이츠는 컴퓨터와 책이 어린 시절의 꿈과 상상력, 창의력을 키우는 데 더 중요하다고 주장합니다.

오행성격특성의 팀워크는 당신의 성취 열쇠

모델13의 오행성격특성 팀워크는 오행약점성격을 상생으로 보완하여 팀의 능력과 잠재력을 높일 수 있습니다. 팀은 오행장점성격을 상극으로 조절해서 오행성격특성 사이의 조화가 이루어지게 합니다.

모델13의 오행성격의 목, 화, 수는 사주 8자에 분포수가 각각 1개로 오행성격 평균분포수 1.6개(사주 8자÷오행 5자=1.6개)인 중간단계보다 적은 약점성격입니다. 장점성격인 토는 화와 상생관계이므로 토3개가 화에게 충분한 도움을 주어 화의 오행성격특성의 역할을 중간단계 가까이 끌어올릴 가능성이 매우 높습니다.(토생화) 장점성격인 금은 수와 상생관계이므로 금이 수에게 상당한 도움을 주어 수의 오행성격특성의 역할을 중간단계 가까이 끌어올릴 가능성이 있습니다.(금생수) 장점성격인 토는 약점성격인 목과 상극관계입니다. 상극은 넘치는 것은 덜어내고 부족한 것은 채워주는 순환적 조절관계입니다. 토와 목은 상극관계이므로 토3개가 목에게 상당한 도움을 주어 목의 오행성격특성의 역할을 중간단계 가까이 끌어올릴 가능성이 있습니다.(토극목)

금은 목과 화와 상극관계입니다. 금은 화의 신경과민과 불안을 완화시켜 주는 멘토 역할을 합니다. 금은 목의 과도한 욕심, 욕망과 경솔한 행동을 조절해 줍니다.(금극목) 화는 금의 냉정한 행동을 정감 있는 행동으로 바꾸도록 멘토를 해줍니다.(화극금) 목은 금의 머뭇거리는 행동을 조절해 줍니다.

빌게이츠는 어릴 적부터 부모님의 독서에 대한 교육과 성원으로 독서하는 습관이 자연스럽게 길러졌습니다. 빌게이츠는 독서를 하면서 세상에 대한 호기심이 많아졌습니다. 호기심은 목의 오행성격특성입니다. 빌게이츠는 자연스럽게 목의 오행성격특성이 강화되면서 장점성격으로 길러졌습니다.

빌게이츠의 목의 장점성격인 열린 마음과 금의 장점성격인 높은 학습 능력과 끈기 그리고 목의 장점성격인 호기심이 그의 행동의 나침반이 되었습니다. 토의 도움을 받아 활성화된 화의 열정과 금의 도움을 받아 활성화된 수의 이타적 성격이 빌게이츠 재단을 설립하였습니다. 빌게이츠는 그의 오행장점성격과 약점을 조화가 이루어지게 하였습니다. 빌게이츠는 오행성격특성의 팀워크로 자기성취의 열쇠를 가지게 된 본보기입니다.

당신은 상생과 상극을 활용하여 당신의 오행성격특성 사이의 조화를 이루게 하면 당신의 오행성격특성 팀워크 능력이 배가 되며 당신의 다양한 잠재력을 실현하게 될 가능성이 높아집니다. 당신은 오행성격특성의 팀워크로 당신은 자기성취의 열쇠를 가지게 됩니다.

이기적 행동과 이타적 행동의 균형은 당신의 행복 열쇠

인간의 생물본능은 자연환경의 창조품입니다.
인간의 사회본능은 사회생태계의 창조품입니다.
오행의 '목'과 '화'의 성격특성행동은 인간의 생물본능이 근원입니다.
오행의 '금'과 '수'의 성격특성행동은 인간의 사회본능이 근원입니다.
인간의 이기적 행동은 '목'과 '화' 성격에서 태어났습니다.
인간의 이타적 행동은 '금'과 '수' 성격에서 태어났습니다.

이기적 행동을 하는 사람은 재산, 명예, 지위 등 자아성취에 몰두할 가능성이 높습니다. 이타적 행동을 하는 사람은 다른 사람들을 더 많이 돕고 다정하며 이해심이 깊고 선행을 즐깁니다. 그러나 자기 성취의 가능성은 낮습니다. 공중에 친 밧줄 위로 안정되게 줄타기하는 곡예사는 장대를 들고 무게 중심을 좌우로 계속 옮기면서 걷습니다. 관객들의 마음은 조마조마 하지만 곡예사는 균형을 잘 잡으며 걷습니다. 줄타기 기술은 장대의 무게 중심을 계속해서 좌우로 옮기는 데 있습니다. 이렇게 역동적 균형을 유지합니다.

대부분의 사람은 매일매일 상황에 따라 이기적 행동과 이타적 행동의 균형을 유지합니다. 이기적 행동과 이타적 행동 중 하나가 어느 한쪽으로 기울어져 있으면 대부분 사람은 행복한 마음에 머물러 있기가 어렵습니다. 이기적인 행동과 이타적 행동의 균형을 맞추려는 노력을 일상생활에서 계속하면 우리는 행복한 마음으로 생활할 수 있습니다. 당신은 손안에 행복의 열쇠를 쥐고 있습니다.

모델13 성격소유자는 이기적 행동(토3개)과 이타적 행동(금2개)의 균형이 이루어져 있습니다. 토는 이기적 행동과 이타적 행동을 함께 가지고 있습니다. 이타적 행동의 뿌리인 장점성격 금과 이기적이며 이타적 행동의 뿌리인 장점성격 토의 성격이 균형을 이루고 있습니다.

빌게이츠는 이기적 행동(토3개)과 이타적 행동(금2개)이 균형을 이루고 있습니다. 그는 이기적 행동으로 회사를 설립하고 경영했습니다. 그는 이타적 행동으로 게이츠재단을 설립하여 운영하고 있습니다. 모델13 성격소유자와 빌게이츠는 손안에 행복의 열쇠를 쥐고 있습니다.

우리는 타고난 생물본능과 사회본능을 우리의 마음속에 함께 가지고 있습니다. 이것이 인간(人間)의 숙명(fate)입니다.

모델14의 오행성격특성은 금2개, 수2개, 목1개, 화1개, 토1개입니다.

당신의 목표는 당신의 행동 나침반

당신의 오행성격특성을 제대로 이해하는 것은 당신의 야망을 품은 목표를 찾아내는 데 도움이 됩니다. 당신의 타고난 재능인 오행장점성격과 당신이 계획한 목표가 꼭 들어맞을 때 그 목표에 대해 마음이 끌리게 됩니다. 즉, 신바람이 나서 즐거운 마음으로 시간 가는 줄 모르고 당신의 재능에 맞는 목표를 추구하게 됩니다. 또한 당신은 목표를 추구하고 이루기 위해 무의식적으로 강렬한 열정이 솟아납니다. 당신은 당신의 재능을 세상에 보여줄 수 있는 가장 적합한 장소와 기회가 있는 곳, 그리고 그곳의 사회환경을 합리적 사고로 정확하게 살펴보아야 합니다. 그러면 당신은 자연스럽게 그 목표를 추구하고자 하는 의지력이 강해지고 목표의 생명력이 길어집니다. 당신의 목표가 당신의 행동 나침반이 됩니다.

모델14의 장점성격은 수의 통찰력, 친화력, 유연성과 공감, 연민입니다. 여기에 금의 합리적 사고, 성실, 인내심, 의지력과 학습능력이 강합니다. 이 2개의 장점성격이 하나의 테마에 초점이 맞추어져 목표가 설정되었습니다. 이 목표가 행동의 나침반이 되었습니다. 모델14와 비슷한 장점성격을 가진 루터를 살펴보겠습니다.

루터의 오행성격특성은 수3개, 금2개, 목1개, 화1개. 토1개입니다.

독일의 종교 개혁가 <u>마르틴 루터</u>

루터는 광산업에 종사하는 열성적이고 진실하며 교회의 타락을 묵인하지 않는 기독교인이었습니다. 루터는 아버지의 엄격한 교육과 훈련을 받으며 자랐습니다. 아버지는 '나는 고생하더라도 아들은 출세시켜야지'라고 주장하면서 루터를 법률가가 되게 하려고 에르프르트대학에 입학시켰습니다. 루터는 이 대학교에 학사와 문학 석사를 취득하고 본격적으로 법공부를 시작했습니다. 루터는 법공부를 계속하던 중에 집에 갔다가 대학교로 돌아가는 길에서 벼락이 근처에 내리치는 순간 "성 안나여(성모어머니)! 나를 도우소서 저는 신부가 되겠습니다."라고 하나님의 일꾼이 되겠다고 하나님께 약속을 했습니다.

루터는 아버지의 완강한 반대를 무릅쓰고 수도원에 들어가 신부가 되었습니다. 중세기에 유럽의 가톨릭교회에서는 면죄부를 판매했습니다. 면죄부 판매는 루터의 신앙을 근본적으로 흔들었습니다. 루터는 면죄부를 비판한 종교개혁의 출발점이 된 95개 논제를 제시하였습니다. 가톨릭교회와 여러 번 신학 논쟁을 하였습니다. 루터는 로마 가톨릭교회로부터 이단 선고를 받고 파문당했습니다.

루터는 면죄부에 대해 성격에 근거하여 객관적으로 판단하여 중세 종교의 환경과 상황에 따라 유연하게 대처해 나갔습니다.(장점성격, 수3개) 그는 일반 독일인에 대한 연민과 동정심이 높아(수3개) 성직자들만 읽을 수 있어 성서를 악용하는 것을 막기 위해 성경을 독일어로 번역했습니다. 성경 번역은 어려운 작업으로 그는 인내심과 끈기, 그리고 성실한 책임감으로 끝까지 해냈습니다.(장점성격, 금2개) 루터는 개신교의 일반 신도들도 찬송을 부를 수 있게 많은 찬송가를 작사 작곡 하였습니다. 루터는 "음악은 하나님의 선물이요. 축복이다. 찬송가는 신학 다음으로 중요하게 보여 무한히 아낀다."라고 말하였습니다. 루터의 큰 업적은 개신교 발전에 있습니다.

오행성격특성의 팀워크는 당신의 성취 열쇠

모델14의 오행성격특성 팀워크는 오행약점성격을 상생으로 보완하여 팀의 능력과 잠재력을 높일 수 있습니다. 팀은 오행장점성격을 상극으로 조절해서 오행성격특성 사이의 조화가 이루어지게 합니다. 팀의 상생과 상극활용으로 팀의 성취를 이루어 낼 수 있습니다.

모델14의 오행성격의 목, 화, 토는 사주 8자에 분포수가 각각 1개로 오행성격 평균분포수 1.6개(사주 8자÷오행 5자=1.6개)인 중간단계보다 적은 약점성격입니다. 장점성격인 수는 목과 상생관계이므로 수3개가 목에게 충분한 도움을 주어 목의 오행성격특성의 역할을 중간단계 가까이 끌어올릴 가능성이 있습니다.(수생목) 장점성격인 금은 토와 상생관계이므로 금이 토에게 상당한 도움을 주어 토의 오행성격특성의 역할을 중간단계 가까이 끌어올릴 가능성이 있습니다.(금생토) 금과 상생으로 약점성격을 벗어난 토는 화와 상생관계이므로 토가 화에게 약간의 도움을 주어 화의 오행성격특성의 역할을 약간 활성화시킬 가능성이 있습니다.(토생화)

금은 목과 화와 상극관계입니다. 금은 화의 신경과민과 불안을 완화시켜 주는 멘토 역할을 합니다.(금극화) 금은 목의 과도한 욕심, 욕망과 경솔한 행동을 조절해 줍니다.(금극목) 목은 금의 머뭇거리는 행동을 조절해 줍니다.(목극금) 화는 금의 냉정한 행동을 정감 있는 행동으로 바꾸도록 멘토를 해줍니다.(화극금) 목은 금의 머뭇거리는 행동을 조절해 줍니다.(목극금)

루터는 어릴 적부터 아버지의 엄격한 교육과 훈련으로 합리적 사고, 성실함과 학습 능력이 더 강화된 것으로 보입니다.(금2개) 루터가 대학교에서 라틴어를 배운 문학사, 문학 석사를 취득한 것은 금의 장점성격을 보인 것입니다. 라틴어 성경을 독일어로 번역한 것은 그가 라틴어를 제대로 공부했다는 의미입니다.(금2개) 루터가 아버지의 완강한 반대에도 신부가 된 것은 그이 일생 목표가 신부의 삶이었기 때문입니다.(목의 성격) 라틴어 성경을 독일어로 번역할 수 있었던 것은 루터의 장점성격인 금의 성실함, 인내심, 끈기와 책임감, 의지력에 있습니다. 루터가 수녀와 결혼한 것은 아버지의 소원을 받아들이고 개신교를 포용한 것으로 생각됩니다.(화의 사랑, 토의 포용) 루터의 장점성격인 금과 수가 서로 돕고 약점성격인 목, 화, 토가 상생으로 활성화되어 루터의 오행성격특성 사이를 조화가 이루어지게 하였습니다. 루터는 자기의 오행성격특성의 팀워크로 자기성취의 열쇠를 가지게 되었습니다.

당신은 상생과 상극을 활용하여 당신의 오행성격특성 사이의 조화를 이루게 하면 당신의 오행성격특성 팀워크 능력이 배가 되며 당신의

144

다양한 잠재력을 실현하게 될 가능성이 높아집니다. 당신은 오행성격 특성의 팀워크로 당신은 자기 성취의 열쇠를 가지게 됩니다.

이기적 행동과 이타적 행동의 균형은 당신의 행복 열쇠

인간의 생물본능은 자연환경 적응산물입니다.
인간의 사회본능은 사회생태계 적응산물입니다.
오행의 '목'과 '화'의 성격특성행동은 인간의 생물본능이 근원입니다.
오행의 '금'과 '수'의 성격특성행동은 인간의 사회본능이 근원입니다.
인간의 이기적 행동은 '목'과 '화' 성격에서 태어났습니다.
인간의 이타적 행동은 '금'과 '수' 성격에서 태어났습니다.

이기적 행동을 하는 사람은 재산, 명예, 지위 등 자아성취에 몰두할 가능성이 높습니다. 이타적 행동을 하는 사람은 다른 사람들을 더 많이 돕고 다정하며 이해심이 깊고 선행을 즐깁니다. 그러나 자기 성취의 가능성은 낮습니다. 공중에 친 줄 위로 안정되게 줄타기하는 곡예사는 장대를 들고 무게 중심을 좌우로 계속 옮기면서 걷습니다. 관객들의 마음은 조마조마하지만 곡예사는 균형을 잘 잡으며 걷습니다. 줄타기 기술은 장대의 무게 중심을 계속해서 좌우로 옮기는 데 있습니다. 이렇게 역동적 균형을 유지합니다.

대부분의 사람은 매일매일 상황에 따라 이기적 행동과 이타적 행동의 균형을 유지합니다. 이기적 행동과 이타적 행동 중 하나가 어느 한

쪽으로 기울어져 있으면 대부분 사람은 행복한 마음에 머물러 있기가 어렵습니다. 이기적인 행동과 이타적 행동의 균형을 맞추려는 노력을 일상생활에서 계속하면 우리는 행복한 마음으로 생활할 수 있습니다. 당신은 손안에 행복의 열쇠를 쥐고 있습니다.

모델14의 성격소유자는 이기적 행동(약점성격인 목1개, 화1개)과 이타적 행동(장점성격인 금2개)의 균형이 이타적 행동 쪽으로 기울어져 있습니다. 이기적 행동의 뿌리인 목과 화가 상생으로 중간단계 가까이 활성화되어 있습니다. 모델14의 성격 소유자는 목과 화의 오행성격특성을 가끔 읽고 행동으로 옮기는 연습을 하면 약점성격인 목과 화가 장점성격이 될 수 있어 자기 성취를 이룰 가능성이 높습니다.

루터는 어릴 적부터 아버지의 엄격한 교육과 훈련으로 뚜렷한 일생 목표를 가지게 하였습니다. 루터는 처음에는 법률가가 되는 게 꿈이었습니다. 루터 아버지의 교육과 훈련은 루터의 야망을 강화하였습니다. 그의 약점성격인 목의 성격이 장점성격이 될 가능성이 매우 큽니다.(목 1개→목2개) 루터의 2번째 꿈은 신부가 되는 것이었습니다. 그의 신부의 삶은 그의 목표가 되었습니다. 루터는 아버지에게 손자, 손녀를 안겨주기 위해 결혼했습니다. 결혼은 생물본능의 적극적 표현입니다. 루터는 이타적 행동(장점성격인 수3개)과 이기적 행동(장점성격인 목2개)이 자연스러운 균형을 이루게 되었습니다. 루터는 손안에 행복의 열쇠를 쥐고 있는 것이 분명합니다.

우리는 타고난 생물본능과 사회본능을 우리의 마음속에 함께 가지고 있습니다. 이것이 인간(人間)의 숙명(fate)입니다.

모델15의 오행성격특성은 목2개, 토2개, 금2개, 화1개, 수1개입니다.

당신의 목표는 당신의 행동 나침반

당신의 오행성격특성을 제대로 이해하는 것은 당신의 야망을 품은 목표를 찾아내는 데 도움이 됩니다. 당신의 타고난 재능인 오행장점성격과 당신이 계획한 목표가 꼭 들어맞을 때 그 목표에 대해 마음이 끌리게 됩니다. 즉, 신바람이 나서 즐거운 마음으로 시간 가는 줄 모르고 당신의 재능에 맞는 목표를 추구하게 됩니다. 또한 당신은 목표를 추구하고 이루기 위해 무의식적으로 강렬한 열정이 솟아납니다. 당신은 당신의 재능을 세상에 보여줄 수 있는 가장 적합한 장소와 기회가 있는 곳, 그리고 그곳의 사회환경을 합리적 사고로 정확하게 살펴보아야 합니다. 그러면 당신은 자연스럽게 그 목표를 추구하고자 하는 의지력이 강해지고 목표의 생명력이 길어집니다. 당신의 목표가 당신의 행동 나침반이 됩니다.

모델15의 장점성격의 금의 성실, 합리적 사고, 인내심, 끈기, 책임감과 학습 능력입니다. 목의 욕구, 욕망, 야망과 호기심, 도전입니다. 토의 열린 마음, 포용, 신뢰, 성취욕과 지도력입니다. 이 3개의 장점성격이 하나의 테마에 초점이 맞추어져 목표가 설정되었습니다. 이 목표가 행동의 나침반이 되었습니다. 모델15와 비슷한 장점성격을 가진 미켈란젤로를 살펴보겠습니다. 미켈란젤로의 오행성격특성은 목3개, 토3개, 금2개, 화와 수는 각각 0개입니다.

천재 조각가, 화가 <u>미켈란젤로</u>

미켈란젤로는 석공인 아버지 밑에서 생활하면서 자연스럽게 돌 깎는 기술을 익혔습니다. 미켈란젤로가 14세 때 메디치가의 로렌조 1세가 그의 재능을 발견하였습니다. 로렌조 1세는 미켈란젤로를 그의 공방에 데려와서 그 당시 최고의 전문 조각가, 화가, 건축가에게 10년 동안 체계적인 전문교육과 연습, 훈련으로 단련시켜 위대한 예술가로 키웠습니다.

미켈란젤로의 첫 작품은 25세 때 완성한 〈피에타〉입니다. 미켈란젤로는 27세 때 〈다윗상〉을 3년에 걸쳐 완성합니다. 미켈란젤로는 33세 때부터 시스티나성당 〈천장화〉를 4년 만에 완성하였습니다. 그는 4년 동안 발판에 누워서 천장화를 그렸습니다. 이 천장화에 그의 장점성격 3개(목3개, 금2개, 토3개)가 그의 천재적 재능이 되어 찬란하게 발휘되었습니다. 그의 열린 마음은 새로운 아이디어로 천지창조, 인류의 타락, 예언의 약속, 그리스도의 계보 등 그리스도의 역사를 포용하고 있습니다.(토의 장점성격) 그는 성실함과 책임감 그리고 인내심과 끈기로 작업 도중 관절염, 근육경련, 눈병 등 고난을 이겨내고 천장화를 정교하게 그려냈습니다.(금의 장점성격) 천장화에는 그의 야심과 호기심, 도전정신을 제대로 보여주고 있습니다.(목의 장점성격) 미켈란젤로는 60세에 〈최후의 심판〉을 시작하여 66세에 완성하였습니다. 미켈란젤로는 "내 작업의 나침반은 아름다움입니다. 그 아름다움은 내 앞에 하나의 타고난 권리로 놓여 있으며 두 예술 〈그림과 조각〉에는 거울이요 등불입니다."라는 명언을 남겼습니다.

　미켈란젤로는 그의 타고난 재능을 세상에 보여줄 가장 적합한 장소인 메디치가의 공방과 문예부흥이 일어난 곳 로마와 메디치가와 교황의 적극적인 후원을 받을 수 있는 사회 환경에서 그의 재능을 찬란하게 빛낼 수 있었습니다.

오행성격특성의 팀워크는 당신의 성취 열쇠

　모델15의 오행성격특성 팀워크는 오행약점성격을 상생으로 보완하여 팀의 능력과 잠재력을 높일 수 있습니다. 팀은 오행장점성격을 상극으로 조절해서 오행성격특성 사이의 조화가 이루어지게 합니다. 팀의 상생과 상극활용으로 팀의 성취를 이루어 낼 수 있습니다.

　모델15의 오행성격의 화와 수는 사주 8자에 분포수가 각각 1개로 오행성격 평균분포수 1.6개(사주 8자÷오행 5자=1.6개)인 중간단계보다 적은 약점성격입니다. 장점성격인 목과 토는 화와 상생관계이므로 목과 토가 화에게 충분한 도움을 주어 화의 오행성격특성의 역할을 중간단계 가까이 끌어올릴 가능성이 매우 높습니다.(목생화+토생화) 장점성격인 목과 금은 수와 상생관계이므로 목과 금이 수에게 충분한 도움을 주어 수의 오행성격특성의 역할을 중간단계 가까이 끌어올릴 가능성이 매우 높습니다.(목생수+금생수)

　금은 목과 화와 상극관계입니다. 금은 화의 신경과민과 불안을 완화시켜 주는 멘토 역할을 합니다.(금극화) 금은 목의 과도한 욕심, 욕망과 경솔한 행동을 조절해 줍니다.(금극목) 화는 금의 냉정한 행동을 정감 있는 행동으로 바꾸도록 멘토를 해줍니다.(화극금) 목은 금의 머뭇거리는 행동을 조절해 줍니다.(목극금)

미켈란젤로는 어릴 적부터 아버지의 교육과 훈련을 받았으며 메디치 가의 공방에서 전문가들의 교육과 훈련, 연습을 체계적으로 받았습니다. 그의 타고난 금의 장점성격이 더욱 강화된 것으로 추정됩니다. 그의 작업에 대한 책임감과 집착에서 오는 스트레스를 완화시켜 주는 멘토 역할은 화의 몫입니다.(화극금) 토 3개인 미켈란젤로의 재능인 탐구력과 창조력이 스승을 훨씬 뛰어넘었습니다. 미켈란젤로에게 주위로부터 오는 시기와 질투를 유연하게 대처하게 하는 멘토 역할은 수가 담당하였습니다.(수생목) 목이 3개인 미켈란젤로의 매우 높은 야망과 도전을 금이 조절해 줍니다.(금극목)

미켈란젤로의 장점성격인 목, 금, 토가 서로 돕고 약점성격인 화와 수가 상생으로 오행성격특성의 역할이 높아져 미켈란젤로의 오행성격특성 사이를 조화가 이루어지게 하였습니다.
미켈란젤로는 자기의 오행성격특성의 팀워크로 자기 성취의 열쇠를 가지게 되었습니다.

당신은 상생과 상극을 활용하여 당신의 오행성격특성 사이의 조화를 이루게 하면 당신의 오행성격특성 팀워크 능력이 배가 되며 당신의 다양한 잠재력을 실현하게 될 가능성이 매우 높아집니다. 당신은 오행 성격특성의 팀워크로 당신은 자기 성취의 열쇠를 가지게 됩니다.

이기적 행동과 이타적 행동의 균형은 당신의 행복 열쇠

인간의 생물본능은 자연환경의 창조품입니다.
인간의 사회본능은 사회생태계의 창조품입니다.
오행의 '목'과 '화'의 성격특성행동은 인간의 생물본능이 근원입니다.
오행의 '금'과 '수'의 성격특성행동은 인간의 사회본능이 근원입니다.
인간의 이기적 행동은 '목'과 '화' 성격에서 태어났습니다.
인간의 이타적 행동은 '금'과 '수' 성격에서 태어났습니다.

이기적 행동을 하는 사람은 재산, 명예, 지위 등 자아성취에 몰두할 가능성이 높습니다. 이타적 행동을 하는 사람은 다른 사람들을 더 많이 돕고 다정하며 이해심이 깊고 선행을 즐깁니다. 그러나 자기 성취의 가능성은 낮습니다. 공중에 친 밧줄 위로 안정되게 줄타기하는 곡예사는 장대를 들고 무게 중심을 좌우로 계속 옮기면서 걷습니다. 관객들의 마음은 조마조마 하지만 곡예사는 균형을 잘 잡으며 걷습니다. 줄타기 기술은 장대의 무게 중심을 계속해서 좌우로 옮기는 데 있습니다. 이렇게 역동적 균형을 유지합니다.

대부분의 사람은 매일매일 상황에 따라 이기적 행동과 이타적 행동의 균형을 유지합니다. 이기적 행동과 이타적 행동 중 하나가 어느 한

쪽으로 기울어져 있으면 대부분 사람은 행복한 마음에 머물러 있기가 어렵습니다. 이기적인 행동과 이타적 행동의 균형을 맞추려는 노력을 일상생활에서 계속하면 우리는 행복한 마음으로 생활할 수 있습니다. 당신은 손안에 행복의 열쇠를 쥐고 있습니다.

모델15의 성격소유자는 이기적 행동(장점성격, 목2개)과 이타적 행동(장점성격, 금2개)의 균형을 이루고 있습니다. 이기적 행동의 뿌리인 장점성격 목의 성격과 이타적 행동의 뿌리인 장점성격 금의 성격이 균형을 이루고 있습니다. 모델15의 성격소유자는 손안에 행복의 열쇠를 쥐고 있습니다.

미켈란젤로는 이기적 행동(목2개)과 이타적 행동(금2개)이 균형을 이루고 있습니다. 그는 이타적 행동으로 많은 예술작품을 남겼습니다. 이기적 행동으로 결혼하여 가정의 행복을 누리며 88세까지 장수했습니다. 그는 손안에 행복의 열쇠를 쥐고 있는 것이 분명합니다.

우리는 타고난 생물본능과 사회본능을 우리의 마음속에 함께 가지고 있습니다. 이것이 인간(人間)의 숙명(fate)입니다.

모델16의 오행성격특성은 목2개, 토2개, 금2개, 화1개, 수1개입니다.

당신의 목표는 당신의 행동 나침반

당신의 오행성격특성을 제대로 이해하는 것은 당신의 야망을 품은 목표를 찾아내는 데 도움이 됩니다. 당신의 타고난 재능인 오행장점성격과 당신이 계획한 목표가 꼭 들어맞을 때 그 목표에 대해 마음이 끌리게 됩니다. 즉, 신바람이 나서 즐거운 마음으로 시간 가는 줄 모르고 당신의 재능에 맞는 목표를 추구하게 됩니다. 또한 당신은 목표를 추구하고 이루기 위해 무의식적으로 강렬한 열정이 솟아납니다. 당신은 당신의 재능을 세상에 보여줄 수 있는 가장 적합한 장소와 기회가 있는 곳, 그리고 그곳의 사회환경을 합리적 사고로 정확하게 살펴보아야 합니다. 그러면 당신은 자연스럽게 그 목표를 추구하고자 하는 의지력이 강해지고 목표의 생명력이 길어집니다. 당신의 목표가 당신의 행동 나침반이 됩니다.

모델16의 장점성격은 금의 성질, 합리적 사고, 인내심, 끈기, 책임감과 학습 능력입니다. 목의 욕구, 욕망, 야망과 호기심, 도전입니다. 이 금과 목의 장점성격이 하나의 테마에 초점이 맞추어져 모델16 성격소유자의 목표가 설정되었습니다. 이 목표가 모델16의 성격소유자 행동의 나침반이 되었습니다. 모델16과 비슷한 장점성격을 가진 마라도나를 살펴보겠습니다. 마라도나의 오행성격특성은 금3개, 목2개, 화1개, 수1개, 토1

개입니다.

아르헨티나의 축구전설 <u>마라도나</u>

마라도나는 가난한 가정에서 태어나 판자촌에서 자랐습니다. 마라도나는 세 살 때 축구공을 선물로 받았습니다. 그는 축구공 놀이에 마음이 끌려 시간 가는 줄 모르고 식사하는 것도 잊을 정도였다고 합니다. 마라도나는 8살 때 마을 축구 클럽에서 축구를 하던 중에 유소년을 스카우트하는 사람의 눈에 띄어 유명한 유소년 팀의 핵심 선수가 됩니다. 그는 12살 볼보이던 시절 축구 1군 팀 경기 하프타임 중에 마술 같은 축구공 다루는 기술을 선보이며 축구팬들의 열렬한 환호를 받았습니다. 마라도나의 마법같은 기술은 3살 때부터 시작되어 10여 년간 많은 노력과 성실한 연습·훈련으로 그의 재능이 빛을 발휘하기 시작한 것입니다.(장점성격, 금3개) 그의 마음속에 품은 야망은 일류의 축구선수가 되겠다는 꿈, 일생 목표를 가지고 있었던 것으로 생각됩니다.(장점성격, 목2개) 마라도나는 16세에 등번호 16번을 달고 최연소 축구프로 팀 입단의 기록을 세웠습니다. 마라도나는 프로 데뷔를 치른 몇 분 만에 넛메그(상대방 다리 사이로 공을 차내는 기술)를 해냈습니다. 그는 16살이 된 지 2주 만에 프로축구에서 첫 골을 넣었습니다. 이후 넛메그는 마라도나의 전매특허기술로 인정되었습니다. 마라도나는 축구의 영웅 펠레 선수와 함께 축구 역사상 최고 선수로 뽑혔습니다. 우리는 모두 자기의 특별한 재능을 가지고 있습니다. 마라도나는 어릴 때 자기도 모르는 사이에 자기의 재능과 함께 놀이하며 자기 재능을 계발하고 연습하고 훈련하여 축구의 최상의 재능을 발휘한 것입니다.

오행성격특성의 팀워크는 당신의 성취 열쇠

모델16의 오행성격특성 팀워크는 오행약점성격을 상생으로 보완하여 팀의 능력과 잠재력을 높일 수 있습니다. 팀은 오행장점성격을 상극으로 조절해서 오행성격특성 사이의 조화가 이루어지게 합니다. 팀의 상생과 상극활용으로 팀의 성취를 이루어 낼 수 있습니다.

모델16의 오행성격의 화, 토, 수는 사주 8자에 분포수가 각각 1개로 오행성격 평균분포수 1.6개(사주 8자÷오행 5자=1.6개)인 중간단계보다 적은 약점성격입니다. 장점성격인 목은 화와 상생관계이므로 목이 화에게 상당한 도움을 주어 화의 오행성격특성의 역할을 중간단계 가까이 끌어올릴 가능성이 있습니다.(목생화) 장점성격인 금은 토와 상생관계이므로 금이 토에게 충분한 도움을 주어 토의 오행성격특성의 역할을 중간단계 가까이 끌어올릴 가능성이 매우 높습니다.(금생토) 장점성격 목과 금은 수와 상생관계이므로 목과 금이 수에게 상당한 도움을 주어 수의 오행성격특성의 역할을 중간단계 가까이 끌어올릴 가능성이 매우 높습니다.(목생수+금생수)

금은 목과 화와 상극관계입니다. 금은 화의 신경과민과 불안을 완화시켜 주는 멘토 역할을 합니다.(금극화) 금은 목의 과도한 욕심, 욕망과 경솔한 행동을 조절해 줍니다.(금극목) 화는 금의 냉정한 행동을 정감

있는 행동으로 바꾸도록 멘토를 해줍니다.(화극금) 목은 금의 머뭇거리는 행동을 조절해 줍니다.(목극금)

마라도나는 세 살 적부터 축구놀이에 흠뻑 빠져 있었습니다. 그의 타고난 금의 장점성격이 더욱 강화된 것으로 생각됩니다.(금3개) 연습의 달인 타이거우즈도 장점성격인 금을 3개 가지고 있습니다. 마라도나는 마술 같은 축구공 다루는 기술을 보여 주위 선수들의 부러움과 시기, 질투도 받았을 것입니다. 그의 주위로부터 오는 스트레스를 완화시켜 주는 멘토 역할은 화의 몫이었습니다.(화극금) 마라도나의 높은 야망(목2개)은 금이 조절 해 주는 멘토 역할을 했습니다.(금극목)

마라도나의 장점성격인 금과 목이 서로 돕고, 약점성격인 화, 수, 토가 상생으로 오행성격특성의 역할이 강화되어 마라도나의 오행성격특성 사이를 조화가 이루어지게 하였습니다. 마라도나는 자기의 오행성격특성의 팀워크로 자기성취의 열쇠를 가지게 되었습니다.

당신은 상생과 상극을 활용하여 당신의 오행성격특성 사이의 조화를 이루게 하면, 당신의 오행성격특성 팀워크 능력이 배가 되며 당신의 다양한 잠재력이 실현하게 될 가능성이 매우 높아집니다. 당신은 오행성격특성의 팀워크로 당신의 자기 성취의 열쇠를 가지게 됩니다.

이기적 행동과 이타적 행동의 균형은 당신의 행복 열쇠

인간의 생물본능은 자연환경의 창조품입니다.

인간의 사회본능은 사회생태계의 창조품입니다.

오행의 '목'과 '화'의 성격특성행동은 인간의 생물본능이 근원입니다.

오행의 '금'과 '수'의 성격특성행동은 인간의 사회본능이 근원입니다.

인간의 이기적 행동은 '목'과 '화' 성격에서 태어났습니다.

인간의 이타적 행동은 '금'과 '수' 성격에서 태어났습니다.

이기적 행동을 하는 사람은 재산, 명예, 지위 등 자아성취에 몰두할 가능성이 높습니다. 이타적 행동을 하는 사람은 다른 사람들을 더 많이 돕고 다정하며, 이해심이 깊고 선행을 즐깁니다. 그러나 자기 성취의 가능성은 낮습니다. 공중에 친 밧줄 위로 안정되게 줄타기하는 곡예사는 장대를 들고 무게 중심을 좌우로 계속 옮기면서 걷습니다. 관객들의 마음은 조마조마 하지만 곡예사는 균형을 잘 잡으며 걷습니다. 줄타기 기술은 장대의 무게 중심을 계속해서 좌우로 옮기는 데 있습니다. 이렇게 역동적 균형을 유지합니다.

대부분의 사람은 매일매일 상황에 따라 이기적 행동과 이타적 행동의 균형을 유지합니다. 이기적 행동과 이타적 행동 중 하나가 어느 한쪽으로 기울어져 있으면 대부분 사람은 행복한 마음에 머물러 있기가 어렵습니다. 이기적인 행동과 이타적 행동의 균형을 맞추려는 노력을 일상생활에서 계속하면 우리는 행복한 마음으로 생활할 수 있습니다. 당신은 손안에 행복의 열쇠를 쥐고 있습니다.

모델16의 성격소유자는 이기적 행동과(장점성격, 목2개) 이타적 행동(장점성격, 금3개)의 균형이 이루어져 있습니다. 이기적 뿌리인 목의 성격과 이타적 뿌리인 금의 성격이 균형을 이루고 있습니다. 마라도나는 이기적 행동(목2개)과 이타적 행동(금3개)이 균형을 이루고 있습니다. 모델16 성격소유자와 세계 최고 축구선수 마라도나는 손안에 행복의 열쇠를 쥐고 있습니다.

우리는 타고난 생물본능과 사회본능을 우리의 마음속에 함께 가지고 있습니다. 이것이 인간(人間)의 숙명(fate)입니다.

당신의 목표는 당신의 행동 나침반

당신의 오행성격특성을 제대로 이해하는 것은 당신의 야망을 품은 목표를 찾아내는 데 도움이 됩니다. 당신의 타고난 재능인 오행장점성격과 당신이 계획한 목표가 꼭 들어맞을 때 그 목표에 대해 마음이 끌리게 됩니다. 즉, 신바람이 나서 즐거운 마음으로 시간 가는 줄 모르고 당신의 재능에 맞는 목표를 추구하게 됩니다. 또한 당신은 목표를 추구하고 이루기 위해 무의식적으로 강렬한 열정이 솟아납니다. 당신은 당신의 재능을 세상에 보여줄 수 있는 가장 적합한 장소와 기회가 있는 곳, 그리고 그곳의 사회환경을 합리적 사고로 정확하게 살펴보아야 합니다. 그러면 당신은 자연스럽게 그 목표를 추구하고자 하는 의지력이 강해지고 목표의 생명력이 길어집니다. 당신의 목표가 당신의 행동 나침반이 됩니다.

모델17의 장점성격은 목의 욕망, 야망, 도전과 성취욕입니다. 수의 친화성, 유연성과 공감능력입니다. 토의 열린 마음, 포용, 신뢰와 지도력입니다. 이 3개의 장점성격이 하나의 테마에 초점이 맞추어져 목표가 설정되었습니다. 이 목표가 모델17의 성격소유자 행동의 나침반이 됩니다. 모델17과 비슷한 장점성격을 가진 등소평을 살펴보겠습니다. 등소평의 오행성격특성은 토3개, 목2개, 수2개, 금1개, 화0개입니다.

중화인민공화국의 3대 최고 지도자 등소평

　등소평 주석은 부유한 지주의 장남으로 태어났습니다. 등소평 아버지는 등소평이 공자 같은 인물이 되기를 기대한 것으로 보입니다. 등소평은 어릴 적부터 유교 교육과 훈련이 제2천성이 되어 파리 유학 때 부지런히 일하고 낭비하지 않고 비용을 아껴 쓰는 성실한 모범청년이었습니다. 등소평은 르노 금속노동자로 일할 때 노동운동과 사회주의를 배웠습니다. 그는 모스크바 증산대학교 유학 중에 공산당에 입당하였습니다. 등소평은 귀국 후 공산혁명에 가담하여 한 때 마오쩌둥파와 대립하였습니다. 그는 얼마 후 마오쩌둥의 이론을 인정하고 마오쩌둥의 전우가 되어 대장정에 참여했습니다. 등소평 주석은 실권과 복권을 여러 번 했습니다. 그는 목표성취에 대한 의지력이 강한 행동주의자입니다.(장점성격, 목2개) 등소평 주석은 현실적 감각이 뛰어나고 현실적 상황에 대해 사실에 근거하여 객관적으로 판단합니다. 그는 상황과 환경변화에 적응력이 강합니다.(목2개+장점성격, 수2개) 그는 환경과 상황변화에 전략적으로 대응합니다. 등소평 주석은 집권하자 4대 현대화 개혁을 실행합니다. 그것은 농업현대화, 공업현대화, 국방현대화, 과학기술현대화입니다. 그는 실용주의적 공산주의 시장경제를 실행에 옮겼습니다. 등소평 주석은 자유민주주의 국가들과 관계를 개선하였습니다. 등소평 주석은 미국 지미 카터 대통령을 만나 양국 간의 소통을 원활하게 만들었습니다. 그는 중화인민공화국을 중국 유일한 합법정부로 유엔에서 정식 공인 받았습니다. 등소평 주석의 장점성격인 토의 열린 마음, 포용, 신뢰와 지도력이 보여준 본보기입니다.(토3개)

"등소평 주석의 개혁은 세계 어디에서도 볼 수 없는 인류 복지 향상을 가져온 본보기다"라는 언론인들의 평가가 많습니다.

오행성격특성의 팀워크는 당신의 성취 열쇠

모델17의 오행성격특성 팀워크는 오행약점성격을 상생으로 보완하여 팀의 능력과 잠재력을 높일 수 있습니다. 팀은 오행장점성격을 상극으로 조절해서 오행성격특성 사이의 조화가 이루어지게 합니다. 팀의 상생과 상극활용으로 팀의 성취를 이루어 낼 수 있습니다.

모델17의 오행성격의 화와 금은 사주 8자에 분포수가 각각 1개로 오행성격 평균분포수 1.6개(사주 8자÷오행 5자=1.6개)인 중간단계보다 적은 약점성격입니다. 장점성격인 목과 토는 화와 상생관계이므로 목과 토가 화에게 충분한 도움을 주어 화의 오행성격특성의 역할을 중간단계 가까이 끌어올릴 가능성이 매우 높습니다.(목생화+토생화) 장점성격인 토와 수는 금과 상생관계이므로 토와 수가 금에게 충분한 도움을 주어 금의 오행성격특성의 역할을 중간단계 가까이 끌어올릴 가능성이 있습니다.(토생금+수생금)

금은 목과 화와 상극관계입니다. 금은 화의 신경과민과 불안을 완화시켜 주는 멘토 역할을 합니다.(금극화) 금은 목의 과도한 욕심, 욕망과 경솔한 행동을 조절해 줍니다.(금극목) 화는 금의 냉정한 행동을 정감 있는 행동으로 바꾸도록 멘토를 해줍니다.(화극금) 목은 금의 머뭇거리

는 행동을 조절해 줍니다.(목극금)

등소평 주석은 어릴 적부터 유교의 교육과 훈련으로 약점성격인 금의 오행성격특성을 강화시켜 제2천성이 되게 하였습니다. 그의 타고난 금의 성격은 약점성격이었지만 유교의 교육과 훈련으로 장점성격이 된 행운이었습니다. 등소평 주석은 오행장점성격이 4개가 되었습니다. 그의 오행장점성격은 목의 야망과 도전, 수의 친화력, 유연성과 공감 능력, 토의 열린 마음, 포용, 신뢰와 지도력, 그리고 금의 합리적 판단, 책임감, 성실, 인내심, 끈기와 학습 능력과 상생으로 강화된 화의 열정이 등주석의 오행성격특성 사이를 조화가 이루어지게 하였습니다. 등주석은 자기의 오행성격특성의 팀워크로 자기성취의 열쇠를 가지게 되었습니다. 자기성취를 이루게 된 등소평 주석은 역사에 큰 인물로 남게 되었습니다.

당신은 상생과 상극을 활용하여 당신의 오행성격특성 사이의 조화를 이루게 하면 당신의 오행성격특성 팀워크 능력이 배가 되며 당신의 다양한 잠재력이 실현하게 될 가능성이 매우 높아집니다. 당신은 오행성격특성의 팀워크로 당신의 자기 성취의 열쇠를 가지게 됩니다.

이기적 행동과 이타적 행동의 균형은 당신의 행복 열쇠

인간의 생물본능은 자연환경의 창조품입니다.
인간의 사회본능은 사회생태계의 창조품입니다.

오행의 '목'과 '화'의 성격특성행동은 인간의 생물본능이 근원입니다.
오행의 '금'과 '수'의 성격특성행동은 인간의 사회본능이 근원입니다.
인간의 이기적 행동은 '목'과 '화' 성격에서 태어났습니다.
인간의 이타적 행동은 '금'과 '수' 성격에서 태어났습니다.

이기적 행동을 하는 사람은 재산, 명예, 지위 등 자아성취에 몰두할 가능성이 높습니다. 이타적 행동을 하는 사람은 다른 사람들을 더 많이 돕고 다정하며 이해심이 깊고 선행을 즐깁니다. 그러나 자기 성취의 가능성은 낮습니다. 공중에 친 밧줄 위로 안정되게 줄타기하는 곡예사는 장대를 들고 무게 중심을 좌우로 계속 옮기면서 걷습니다. 관객들의 마음은 조마조마 하지만 곡예사는 균형을 잘 잡으며 걷습니다. 줄타기 기술은 장대의 무게 중심을 계속해서 좌우로 옮기는 데 있습니다. 이렇게 역동적 균형을 유지합니다.

대부분의 사람은 매일매일 상황에 따라 이기적 행동과 이타적 행동의 균형을 유지합니다. 이기적 행동과 이타적 행동 중 하나가 어느 한쪽으로 기울어져 있으면 대부분 사람은 행복한 마음에 머물러 있기가 어렵습니다. 이기적인 행동과 이타적 행동의 균형을 맞추려는 노력을 일상생활에서 계속하면 우리는 행복한 마음으로 생활할 수 있습니다. 당신은 손안에 행복의 열쇠를 쥐고 있습니다.

모델17의 성격소유자는 이기적 행동과(장점성격, 목2개) 이타적 행동(장점성격, 수2개)의 균형이 이루어져 있습니다. 이기적 뿌리인 목의 성격과 이타적 뿌리인 수의 성격이 균형을 이루고 있습니다. 등소평 주석의 이기적 행동(목2개)과 이타적 행동(수2개)이 균형을 이루고 있습니다. 모델 17 성격소유자와 역사의 큰 인물로 남게 된 등소평 주석은 손안에 행복의 열쇠를 쥐고 있습니다.

우리는 타고난 생물본능과 사회본능을 우리의 마음속에 함께 가지고 있습니다. 이것이 인간(人間)의 숙명(fate)입니다.

모델18의 오행성격특성은 목3개, 수2개, 화2개, 금1개, 토1개입니다.

당신의 목표는 당신의 행동 나침반

당신의 오행성격특성을 제대로 이해하는 것은 당신의 야망을 품은 목표를 찾아내는 데 도움이 됩니다. 당신의 타고난 재능인 오행장점성격과 당신이 계획한 목표가 꼭 들어맞을 때 그 목표에 대해 마음이 끌리게 됩니다. 즉, 신바람이 나서 즐거운 마음으로 시간 가는 줄 모르고 당신의 재능에 맞는 목표를 추구하게 됩니다. 또한 당신은 목표를 추구하고 이루기 위해 무의식적으로 강렬한 열정이 솟아납니다. 당신은 당신의 재능을 세상에 보여줄 수 있는 가장 적합한 장소와 기회가 있는 곳, 그리고 그곳의 사회환경을 합리적 사고로 정확하게 살펴보아야 합니다. 그러면 당신은 자연스럽게 그 목표를 추구하고자 하는 의지력이 강해지고 목표의 생명력이 길어집니다. 당신의 목표가 당신의 행동 나침반이 됩니다.

모델18의 장점성격은 목의 욕망, 야망, 도전과 호기심, 성취욕입니다. 수의 친화성, 유연성과 공감 능력입니다. 이 목과 수의 장점성격이 하나의 테마에 초점이 맞추어져 목표가 설정되었습니다. 이 목표가 모델18의 성격소유자 행동의 나침반이 됩니다. 모델18의 성격과 조금 비슷한 장점성격을 가진 셰익스피어를 살펴보겠습니다.

영국의 천재적 문호 셰익스피어

셰익스피어는 잉글랜드 중부 작은 마을에서 태어났습니다. 아버지는 피혁 가공업과 농업을 겸업하는 비교적 부유한 상인으로 읍장까지 지냈습니다. 셰익스피어는 어릴 적부터 성경과 고전을 배워 읽고 쓰는 학습훈련을 받았습니다. 그의 학습훈련으로 그의 약점성격인 금이 장점성격으로 강화된 것으로 생각됩니다.(금1개→금2개) 그의 장점성격인 금은 작가의 바탕이 되었습니다.

셰익스피어는 11세에 문법학교에서 문법, 논리학, 수사학, 문학을 배웠습니다. 그는 그리스어, 라틴어를 배웠습니다. 셰익스피어는 특히 『성경』과 오비디우스의 『변신이야기』에 관심이 많았습니다. 이 두 권의 책은 셰익스피어의 깊고 풍부한 상상력의 근원이 되었습니다. 셰익스피어가 13세 무렵에 아버지 사업이 빠르게 나빠져서 학교를 중단하였습니다. 이후부터 그는 여러 가지 일을 하며 집안 경제에 도움을 주었습니다. 셰익스피어는 18세에 결혼한 후 가족에게 경제적 도움을 주었습니다. 그는 20대 초반에 고향을 떠나 여러 가지 직업을 가지며 7~8년간 떠돌이 생활을 한 후에 1590년 경에 런던에 정착을 합니다. 그의 이러한 다양한 직업을 거친 체험은 훗날 다양한 글쓰기의 소재가 된 것으로 생각됩니다.

셰익스피어가 런던에 정착할 당시는 영국의 봉건제도가 근대 산업국가 체제로 빠르게 변화하는 시기였습니다. 엘리자베스 여왕이 수공업을 활성화시켜 일자리를 늘리자 농촌 사람들은 런던으로 빠르게 몰려들었습니다. 여왕은 상업과 국제 무역을 활성화시켜 국가 경제와 문화를 부흥시켰습니다. 엘리자베스 여왕의 이러한 정책 전환은 런던을 활기차고 붐비는 역동적인 개혁의 도시로 만들었습니다. 활기 넘치는 런던은 경제 활동, 각양각색의 문화 활동과 행사 등, 특히 대중의 즐거움을 위해 빈번하게 공연이 일상화되었습니다. 셰익스피어는 자기의 재능을 제대로 보여줄 가장 적합한 장소, 기회 있는 곳과 사회 환경이 갖추어진 런던에 정착하여 성공적인 작가 활동을 하였습니다.

셰익스피어의 인간의 본성에 대한 3~4세기를 앞선 통찰력은 그의 천재적 재능이었습니다.(수2개의 통찰력+토2개의 열린 마음) 셰익스피어는 인간의 본성은 생물본능과 사회본능을 함께 마음속에 가지고 있는 것으로 파악한 것으로 보입니다. 그는 성격의 역사를 마스터한 것으로 생각됩니다. 그는 성경과 고전에서 인간의 본성은 선(사회본능)과 악(생물본능)을 동시에 가진 모순된 존재임을 확인한 것으로 생각됩니다.

인간의 생물본능과 사회본능은 상황과 장소 그리고 사회 환경에 따라 다양한 모습으로 나타납니다. 이 다양한 모습들은 인간 본성이 근원임을 깨달은 셰익스피어는 그 모습들을 그의 작품의 소재로 활용했습니다. 그의 모든 작품의 주제가 된 인간 본성에 대한 탐구는 시대를 뛰어넘어 서구문화에 살아 움직이는 원동력이 되었습니다. 현대의 정치가들이나 경영 학자들에게도 셰익스피어 작품들은 훌륭한 나침반이 되어 준다고 합니다.

셰익스피어의 목의 장점성격, 수의 장점성격, 토의 장점성격과 금의 장점성격이 하나의 테마인 극작가에 맞추어져 그의 재능을 계발하고 발전시켜 천재적 재능으로 빛나게 하였습니다. 그의 대부분 작품들은 인류의 고전으로 남긴 본보기가 되었습니다.

오행성격특성의 팀워크는 당신의 성취 열쇠

모델18의 오행성격특성 팀워크는 오행약점성격을 상생으로 보완하여 팀의 능력과 잠재력을 높일 수 있습니다. 팀은 오행장점성격을 상극으로 조절해서 오행성격특성 사이의 조화가 이루어지게 합니다. 팀의 상생과 상극활용으로 팀의 성취를 이루어 낼 수 있습니다.

모델18의 오행성격의 화, 금, 토는 사주 8자에 분포수가 각각 1개로 오행성격 평균분포수 1.6개(사주 8자÷오행 5자=1.6개)인 중간단계보다 적은 약점성격입니다. 장점성격인 목은 화와 상생관계이므로 목이 화에게 상당한 도움을 주어 화의 오행성격특성의 역할을 중간단계 가까이 끌어올릴 가능성이 높습니다.(목생화) 장점성격인 수는 금과 상생관계이므로 수가 금에게 상당한 도움을 주어 금의 오행성격특성의 역할을 중간단계 가까이 끌어올릴 가능성이 높습니다.(수생금) 화와 금의 오행성격특성의 역할이 중간단계 가까이 활성화되어 있습니다. 오행성격특성의 역할이 활성화된 화와 금은 토와 상생관계이므로 토에게 약간의 도움을 주어 토의 오행성격특성의 역할을 상당히 활성화시킬 수 있습니다.

금은 목과 화와 상극관계입니다. 금은 화의 신경과민과 불안을 완화시켜 주는 멘토 역할을 합니다.(금극화) 금은 목의 과도한 욕심, 욕망과 경솔한 행동을 조절해 줍니다.(금극목) 화는 금의 냉정한 행동을 정감 있는 행동으로 바꾸도록 멘토를 해줍니다.(화극금) 목은 금의 머뭇거리는 행동을 조절해 줍니다.(목극금)

셰익스피어는 어릴 적부터 성경과 고전 읽기와 쓰기 등 교육 훈련으로 약점성격인 금의 오행성격특성을 강화시켜 금의 약점성격을 장점성격으로 바꾸었습니다. 셰익스피어의 목의 장점성격, 수의 장점성격은 모델18 오행성격 소유자와 같습니다. 그는 토의 장점성격(토2개)도 가지고 있습니다. 이 부분이 토1개인 모델18 성격소유자와 약간의 성격차이입니다. 셰익스피어는 오행장점성격이 4개입니다. 그의 오행장점성격은 목의 야망, 도전, 호기심, 행동주의, 수의 통찰력, 유연성, 친화력과 공감 능력, 금의 성실, 인내심, 끈기와 학습 능력 그리고 토의 열린 마음, 포용, 신뢰, 언어 구사 능력과 지도력에 상생으로 강화된 화의 열정이 셰익스피어의 오행성격특성 사이의 조화를 이루어지게 하였습니다. 그는 자기의 오행성격특성의 팀워크로 자기 성취의 열쇠를 가지게 되었습니다.

당신은 상생과 상극을 활용하여 당신의 오행성격특성 사이의 조화를 이루게 하면 당신의 오행성격특성 팀워크 능력이 배가 되며 당신의 다양한 잠재력이 실현하게 될 가능성이 매우 높아집니다. 당신은 오행성격특성의 팀워크로 당신의 자기 성취의 열쇠를 가지게 됩니다.

이기적 행동과 이타적 행동의 균형은 당신의 행복 열쇠

인간의 생물본능은 자연환경의 창조품입니다.

인간의 사회본능은 사회생태계의 창조품입니다.

오행의 '목'과 '화'의 성격특성행동은 인간의 생물본능이 근원입니다.

오행의 '금'과 '수'의 성격특성행동은 인간의 사회본능이 근원입니다.

인간의 이기적 행동은 '목'과 '화' 성격에서 태어났습니다.

인간의 이타적 행동은 '금'과 '수' 성격에서 태어났습니다.

이기적 행동을 하는 사람은 재산, 명예, 지위 등 자아성취에 몰두할 가능성이 높습니다. 이타적 행동을 하는 사람은 다른 사람들을 더 많이 돕고 다정하며 이해심이 깊고 선행을 즐깁니다. 그러나 자기 성취의 가능성은 낮습니다. 공중에 친 밧줄 위로 안정되게 줄타기하는 곡예사는 장대를 들고 무게 중심을 좌우로 계속 옮기면서 걷습니다. 관객들의 마음은 조마조마 하지만 곡예사는 균형을 잘 잡으며 걷습니다. 줄타기 기술은 장대의 무게 중심을 계속해서 좌우로 옮기는 데 있습니다. 이렇게 역동적 균형을 유지합니다.

대부분의 사람은 매일매일 상황에 따라 이기적 행동과 이타적 행동의 균형을 유지합니다. 이기적 행동과 이타적 행동 중 하나가 어느 한쪽으로 기울어져 있으면 대부분 사람은 행복한 마음에 머물러 있기가 어렵습니다. 이기적인 행동과 이타적 행동의 균형을 맞추려는 노력을 일상생활에서 계속하면 우리는 행복한 마음으로 생활할 수 있습니다.

당신은 손안에 행복의 열쇠를 쥐고 있습니다.

모델18의 성격소유자는 이기적 행동과(장점성격, 목3개) 이타적 행동(장점성격, 수2개)의 균형이 이루어져 있습니다. 이기적 뿌리인 목의 성격과 이타적 뿌리인 수의 성격이 균형을 이루고 있습니다. 셰익스피어는 이기적 행동과(목3개) 이타적 행동(수2개)이 균형을 이루고 있습니다. 모델18 성격소유자와 영국의 세계적인 문호 셰익스피어는 손안에 행복의 열쇠를 쥐고 있습니다.

우리는 타고난 생물본능과 사회본능을 우리의 마음속에 함께 가지고 있습니다. 이것이 인간(人間)의 숙명(fate)입니다.

당신의 목표는 당신의 행동 나침반

당신의 오행성격특성을 제대로 이해하는 것은 당신의 야망을 품은 목표를 찾아내는 데 도움이 됩니다. 당신의 타고난 재능인 오행장점성격과 당신이 계획한 목표가 꼭 들어맞을 때 그 목표에 대해 마음이 끌리게 됩니다. 즉, 신바람이 나서 즐거운 마음으로 시간 가는 줄 모르고 당신의 재능에 맞는 목표를 추구하게 됩니다. 또한 당신은 목표를 추구하고 이루기 위해 무의식적으로 강렬한 열정이 솟아납니다. 당신은 당신의 재능을 세상에 보여줄 수 있는 가장 적합한 장소와 기회가 있는 곳, 그리고 그곳의 사회환경을 합리적 사고로 정확하게 살펴보아야 합니다. 그러면 당신은 자연스럽게 그 목표를 추구하고자 하는 의지력이 강해지고 목표의 생명력이 길어집니다. 당신의 목표가 당신의 행동 나침반이 됩니다.

모델19의 장점성격은 토의 열린 마음, 포용, 신뢰와 지도력입니다. 수의 친화성, 유연성, 통찰력과 공감 능력입니다. 이 토와 수의 장점성격이 하나의 테마에 초점이 맞추어져 모델19의 성격소유자의 목표가 설정되었습니다. 이 목표가 모델19의 성격소유자 행동의 나침반이 됩니다. 모델19와 조금 비슷한 장점성격을 가진 피터 드러커를 살펴보겠습니다.

경영관련 저서를 30여 권 저술한 경영학자이며 사회 생태학자인 <u>피터 드러커</u>

드러커 교수는 유복한 가정에서 태어났습니다. 그는 대학 진학 과정의 9년제 학교, 오스트리아 빈 김나지움을 졸업했습니다. 그는 독일 함부르크 대학 법학부를 졸업하고 프랑크푸르트 대학에서 석사와 박사를 취득했습니다. 그의 첫 직업은 신문기자였으며 투자은행에 근무한 적이 있습니다. 드러커 교수는 "제 인생 출발 배경은 전문적인 두 가지 학문, 즉 정치학과 역사였다"라고 술회했습니다.

드러커는 그의 재능을 최대로 발휘할 수 있는 기회의 신천지 미국으로 이주했습니다. 그는 사라로렌스 대학에서 경제학 및 통계학 강의를 시작했습니다. 드러커 교수는 베닝턴 대학에서 철학 및 정치학 교수를 역임했습니다. 그는 뉴욕대학 경영학부에 재직한 후 캘리포니아 글레몬드 경영대학원 사회과학부에서 석사교수를 지냈습니다.

드러커 교수는 경제학, 통계학, 철학, 정치학과 경영학 등 다방면의 학문을 섭렵한 박학다식한 학자입니다. 그는 경험과 옛 지식에서 자유로워 새로운 아이디어를 창출해 내고 타인의 혁신과 아이디어를 기쁘게 받아들이는 열린 마음의 성격(장점성격, 토3개) 소유자입니다. 그는 지식노동자라는 개념을 창안했습니다. 드러커 교수는 끊임없는 학습으로 책 30여 권 저술했습니다. 그는 김나지움에서 교육과 훈련으로 금의 약점성격이 장점성격으로 만들어졌습니다.(금1개→금2개) 드러커는 인내심, 끈기, 성실함, 학습능력이 강화되어 94세까지 집필활동을 계속할 수 있었습니다.(장점성격, 금2개) 그는 현실적인 감각이 뛰어나고 깊은 상상력과 깨달음을 바탕으로 사실에 근거하여 객관적 판단으로 저술활동을 한 것은 그의 장점성격인 수에게 있었습니다.(장점성격, 수2개)

드러커 교수의 토의 장점성격, 수의 장점성격과 금의 장점성격이 하나의 테마인 작가에 맞추어져 그의 재능(장점성격 3개)을 계발하고 발전시켜 저술활동을 빛나게 하였습니다. 필자도 드러커 교수의 『프로페셔널의 조건』(자기실현편), 『변화 리더의 조건』(미래경영편), 『이노베이터의 조건』(자기혁신편)의 3권을 감명 깊게 읽었습니다.

오행성격특성의 팀워크는 당신의 성취 열쇠

모델19의 오행성격특성 팀워크는 오행약점성격을 상생으로 보완하여 팀의 능력과 잠재력을 높일 수 있습니다. 팀은 오행장점성격을 상극으로 조절해서 오행성격특성 사이의 조화가 이루어지게 합니다. 팀의 상생과 상극 활용으로 팀의 성취를 이루어 낼 수 있습니다.

모델19의 오행성격의 목, 화, 금은 사주 8자에 분포수가 각각 1개로 오행성격 평균분포수 1.6개(사주 8자÷오행 5자=1.6개)인 중간단계보다 적은 약점성격입니다. 장점성격인 토는 화와 상생관계이므로 토3개가 화에게 충분한 도움을 주어 화의 오행성격특성의 역할을 중간단계 가까이 끌어올릴 가능성이 매우 높습니다.(토생화) 토는 금과 상생관계이므로 토3개가 금에게 충분한 도움을 주어 금의 오행성격특성의 역할을 중간단계 가까이 끌어올릴 가능성이 매우 높습니다.(토생금) 장점성격 수는 목과 상생관계이므로 수가 목에게 상당한 도움을 주어 목의 오행성격특성의 역할을 중간단계 가까이 끌어올릴 가능성이 있습니다.(수생목)

금은 목과 화와 상극관계입니다. 금은 화의 신경과민과 불안을 완화시켜 주는 멘토 역할을 합니다.(금극화) 금은 목의 과도한 욕심, 욕망과 경솔한 행동을 조절해 줍니다.(금극목) 화는 금의 냉정한 행동을 정감 있는 행동으로 바꾸도록 멘토를 해줍니다.(화극금) 목은 금의 머뭇거리는 행동을 조절해 줍니다.(목극금)

드러커 교수는 김나지움의 9년간 교육과 훈련으로 약점성격인 금의 오행성격특성을 강화시켜 금의 약점성격을 성격강점으로 바꾸었습니다. 드러커 교수의 토의 장점성격(3개), 수의 장점성격(2개)은 모델19의 성격소유자와 같습니다. 그는 금의 약점성격이 김나지움의 교육과 훈련으로 금의 장점성격으로 바뀌어진 것이 모델19 성격소유자와 다른 부분입니다.

드러커 교수는 오행장점성격이 3개입니다. 토의 열린 마음, 포용, 신뢰, 언어 구사능력과 지도력에 상생으로 강화된 화의 열정이 그의 오행성격특성 사이를 조화가 이루어지게 하였습니다. 그는 자기 오행성격특성의 팀워크로 자기성취의 열쇠를 가지게 되었습니다.

당신은 상생과 상극을 활용하여 당신의 오행성격특성 사이의 조화를 이루게 하면 당신의 오행성격특성 팀워크 능력이 배가 되며 당신의 다양한 잠재력이 실현하게 될 가능성이 매우 높아집니다. 당신은 오행 성격특성의 팀워크로 당신의 자기 성취의 열쇠를 가지게 됩니다.

이기적 행동과 이타적 행동의 균형은 당신의 행복 열쇠

인간의 생물본능은 자연환경의 창조품입니다.

인간의 사회본능은 사회생태계의 창조품입니다.

오행의 '목'과 '화'의 성격특성행동은 인간의 생물본능이 근원입니다.

오행의 '금'과 '수'의 성격특성행동은 인간의 사회본능이 근원입니다.

인간의 이기적 행동은 '목'과 '화' 성격에서 태어났습니다.

인간의 이타적 행동은 '금'과 '수' 성격에서 태어났습니다.

이기적 행동을 하는 사람은 재산, 명예, 지위 등 자아성취에 몰두할 가능성이 높습니다. 이타적 행동을 하는 사람은 다른 사람들을 더 많이 돕고 다정하며 이해심이 깊고 선행을 즐깁니다. 그러나 자기 성취의 가능성은 낮습니다. 공중에 친 밧줄 위로 안정되게 줄타기하는 곡예사는 장대를 들고 무게 중심을 좌우로 계속 옮기면서 걷습니다. 관객들의 마음은 조마조마 하지만 곡예사는 균형을 잘 잡으며 걷습니다. 줄타기 기술은 장대의 무게 중심을 계속해서 좌우로 옮기는 데 있습니다. 이렇게 역동적 균형을 유지합니다.

대부분의 사람은 매일매일 상황에 따라 이기적 행동과 이타적 행동의 균형을 유지합니다. 이기적 행동과 이타적 행동 중 하나가 어느 한

쪽으로 기울어져 있으면 대부분 사람은 행복한 마음에 머물러 있기가 어렵습니다. 이기적인 행동과 이타적 행동의 균형을 맞추려는 노력을 일상생활에서 계속하면 우리는 행복한 마음으로 생활할 수 있습니다. 당신은 손안에 행복의 열쇠를 쥐고 있습니다.

모델19의 성격소유자는 이기적 행동과(장점성격, 토3개) 이타적 행동(장점성격, 수2개)의 균형이 이루어져 있습니다. 이기적 뿌리인 약점성격 목을 대리한 토와 이타적 뿌리인 수의 성격이 균형을 이루고 있습니다. 드러커 교수의 이기적 행동과 이타적 행동이 균형을 이루고 있습니다. 모델19 성격소유자와 드러커 교수는 손안에 행복의 열쇠를 쥐고 있습니다.

우리는 타고난 생물본능과 사회본능을 우리의 마음속에 함께 가지고 있습니다. 이것이 인간(人間)의 숙명(fate)입니다.

당신의 목표는 당신의 행동 나침반

당신의 오행성격특성을 제대로 이해하는 것은 당신의 야망을 품은 목표를 찾아내는 데 도움이 됩니다. 당신의 타고난 재능인 오행장점성격과 당신이 계획한 목표가 꼭 들어맞을 때 그 목표에 대해 마음이 끌리게 됩니다. 즉, 신바람이 나서 즐거운 마음으로 시간 가는 줄 모르고 당신의 재능에 맞는 목표를 추구하게 됩니다. 또한 당신은 목표를 추구하고 이루기 위해 무의식적으로 강렬한 열정이 솟아납니다. 당신은 당신의 재능을 세상에 보여줄 수 있는 가장 적합한 장소와 기회가 있는 곳, 그리고 그곳의 사회환경을 합리적 사고로 정확하게 살펴보아야 합니다. 그러면 당신은 자연스럽게 그 목표를 추구하고자 하는 의지력이 강해지고 목표의 생명력이 길어집니다. 당신의 목표가 당신의 행동 나침반이 됩니다.

모델20의 장점성격은 수의 친화성, 유연성, 통찰력과 공감 능력입니다. 토의 열린 마음, 포용, 신뢰와 지도력입니다. 이 수와 토의 장점성격이 하나의 테마에 초점이 맞추어져 목표가 설정되었습니다. 이 목표가 모델20의 성격소유자 행동의 나침반이 됩니다. 모델20과 약간 비슷한 장점성격을 가진 괴테를 살펴보겠습니다.

천재적인 세계 문호 <u>괴테</u>

괴테는 귀족 가문에서 태어났습니다. 그는 어린 시절에 학습 능력의 천재 재능을 보였습니다. 괴테는 어려서부터 그리스어, 라틴어, 히브리어, 불어, 영어, 이탈리아어 등을 배워서 익혔습니다. 그는 로마의 고전문학과 성경 읽기를 즐겼습니다.(금1개→금2개로 장점성격이 됨) 괴테는 어린 나이에 신년시를 지어서 할아버지에게 선물할 정도로 문학적 재능을 타고났습니다.(시 짓기=창의력, 화2개) 그는 천재교육과 훈련을 받은 것으로 생각됩니다.

괴테는 라이프치히대학에서 법학을 공부했고 스트라스부르크대학에서 법학 박사 학위를 취득했습니다. 그는 34세 때『젊은 베르테르의 슬픔』을 창작해서 작가의 지위를 확립했습니다.(수3개+화2개+금2개)

괴테는 바이마르공국에서 행정가로 근무하며 다양한 문화발전에 큰 역할을 했습니다. 괴테는 이러한 행정과 사회 및 자연연구를 하면서 자연과 인생을 지배하는 원리를 알게 되어(금2개+토2개) 걱정(화2개)을 조절하며(금2개) 마음의 평안을 얻을 수 있게 되며(금극화) 정신적으로 성숙해 갔습니다.

괴테는 행정직을 떠나 이탈리아에서 미술연구, 그 후 고전주의로 전향했습니다. 종합적이고(토2개) 직관적(화2개)인 성격을 가진 괴테와 이념적이고 분석적인 성격을 가진 실러와의 교제는 오랫동안 계속되었습니다. 괴테와 실러 간에 주고받은 편지는 독일 고전주의 문학에 귀중한 자료로 남았습니다. 괴테는 수많은 시, 희곡과 그의 대표작『파우스트』를 죽기 전에 완성하였습니다.

괴테는 중요한 저서 『색채론』을 남겼습니다. 괴테가 다양한 분야를 종합하여 연구한 것은 토의 열린 마음 성격입니다. 그의 학습 능력, 인내심, 끈기를 보여준 것은 금의 성격인 것입니다. 괴테는 83세의 생애 동안에 줄기차게 그의 장점성격들을 최대로 확장, 발달시켜 빛나게 한 유일한 본보기입니다. 괴테의 장점성격은 4개로 화2개, 금2개, 수2개, 토2개, 목0개입니다.

오행성격특성의 팀워크는 당신의 성취 열쇠

모델20의 오행성격특성 팀워크는 오행약점성격을 상생으로 보완하여 팀의 능력과 잠재력을 높일 수 있습니다. 팀은 오행장점성격을 상극으로 조절해서 오행성격특성 사이의 조화가 이루어지게 합니다. 팀의 상생과 상극활용으로 팀의 성취를 이루어 낼 수 있습니다.

모델20의 오행성격의 목, 화, 금은 사주 8자에 분포수가 각각 1개로 오행성격 평균분포수 1.6개(사주 8자÷오행 5자=1.6개)인 중간단계보다 적은 약점성격입니다. 장점성격인 수가 목와 상생관계이므로 수3개가 목에게 충분한 도움을 주어 목의 오행성격특성의 역할을 중간단계 가까이 끌어올릴 가능성이 매우 높습니다.(수생목) 장점성격인 토와 화는 상생관계이므로 토가 화에게 상당한 도움을 주어 화의 오행성격특성의 역할을 중간단계 가까이 끌어올릴 가능성이 있습니다.(토생화) 토는 금과 상생관계이므로 토가 금에게 상당한 도움을 주어 금의 오행성격특성의 역할을 중간단계 가까이 끌어올릴 가능성이 있습니다.(토생금)

금은 목과 화와 상극관계입니다. 금은 화의 신경과민과 불안을 완화시켜 주는 멘토 역할을 합니다.(금극화) 금은 목의 과도한 욕심, 욕망과 경솔한 행동을 조절해 줍니다.(금극목) 화는 금의 냉정한 행동을 정감 있는 행동으로 바꾸도록 멘토를 해줍니다.(화극금) 목은 금의 머뭇거리는 행동을 조절해 줍니다.(목극금)

괴테는 어릴 적부터 교육과 훈련으로 장점성격 금의 오행성격특성을 더욱 강화시켰습니다. 장점성격 금2개가 3개로 강화된 것으로 보입니다. 괴테는 수의 장점성격(2개), 화의 장점성격(2개), 토의 장점성격(2개), 금의 장점성격(3개)과 수와 상생으로 목의 약점성격이 보강되었습니다. 괴테의 4개의 장점성격과 상생으로 강화된 약점성격인 목이 괴테의 오행성격특성 사이의 조화가 이루어지게 되었습니다. 괴테는 그의 오행성격특성의 팀워크로 자기성취의 열쇠를 가지게 되었습니다.

당신은 상생과 상극을 활용하여 당신의 오행성격특성 사이의 조화를 이루게 하면 당신의 오행성격특성 팀워크 능력이 배가 되며 당신의 다양한 잠재력이 실현하게 될 가능성이 매우 높아집니다. 당신은 오행성격특성의 팀워크로 당신의 자기 성취의 열쇠를 가지게 됩니다.

이기적 행동과 이타적 행동의 균형은 당신의 행복 열쇠

인간의 생물본능은 자연환경의 창조품입니다.
인간의 사회본능은 사회생태계의 창조품입니다.

오행의 '목'과 '화'의 성격특성행동은 인간의 생물본능이 근원입니다.

오행의 '금'과 '수'의 성격특성행동은 인간의 사회본능이 근원입니다.

인간의 이기적 행동은 '목'과 '화' 성격에서 태어났습니다.

인간의 이타적 행동은 '금'과 '수' 성격에서 태어났습니다.

이기적 행동을 하는 사람은 재산, 명예, 지위 등 자아성취에 몰두할 가능성이 높습니다. 이타적 행동을 하는 사람은 다른 사람들을 더 많이 돕고 다정하며 이해심이 깊고 선행을 즐깁니다. 그러나 자기 성취의 가능성은 낮습니다. 공중에 친 밧줄 위로 안정되게 줄타기하는 곡예사는 장대를 들고 무게 중심을 좌우로 계속 옮기면서 걷습니다. 관객들의 마음은 조마조마 하지만 곡예사는 균형을 잘 잡으며 걷습니다. 줄타기 기술은 장대의 무게 중심을 계속해서 좌우로 옮기는 데 있습니다. 이렇게 역동적 균형을 유지합니다.

대부분의 사람은 매일매일 상황에 따라 이기적 행동과 이타적 행동의 균형을 유지합니다. 이기적 행동과 이타적 행동 중 하나가 어느 한쪽으로 기울어져 있으면 대부분 사람은 행복한 마음에 머물러 있기가 어렵습니다. 이기적인 행동과 이타적 행동의 균형을 맞추려는 노력을 일상생활에서 계속하면 우리는 행복한 마음으로 생활할 수 있습니다. 당신은 손안에 행복의 열쇠를 쥐고 있습니다.

모델20의 성격소유자는 이기적 행동과(장점성격, 토2개) 이타적 행동(장점성격, 수2개)의 균형이 이루어져 있습니다. 이기적 뿌리인 목을 대리한 토와 이타적 뿌리인 수의 성격이 균형을 이루고 있습니다. 괴테는 이기적 행동(화2개)과 이타적 행동(수2개)이 균형을 이루고 있습니다. 모델20 성격소유자와 괴테는 손안에 행복의 열쇠를 쥐고 있습니다.

우리는 타고난 생물본능과 사회본능을 우리의 마음속에 함께 가지고 있습니다. 이것이 인간(人間)의 숙명(fate)입니다.

당신의 목표는 당신의 행동 나침반

당신의 오행성격특성을 제대로 이해하는 것은 당신의 야망을 품은 목표를 찾아내는 데 도움이 됩니다. 당신의 타고난 재능인 오행장점성격과 당신이 계획한 목표가 꼭 들어맞을 때 그 목표에 대해 마음이 끌리게 됩니다. 즉, 신바람이 나서 즐거운 마음으로 시간 가는 줄 모르고 당신의 재능에 맞는 목표를 추구하게 됩니다. 또한 당신은 목표를 추구하고 이루기 위해 무의식적으로 강렬한 열정이 솟아납니다. 당신은 당신의 재능을 세상에 보여줄 수 있는 가장 적합한 장소와 기회가 있는 곳, 그리고 그곳의 사회환경을 합리적 사고로 정확하게 살펴보아야 합니다. 그러면 당신은 자연스럽게 그 목표를 추구하고자 하는 의지력이 강해지고 목표의 생명력이 길어집니다. 당신의 목표가 당신의 행동 나침반이 됩니다.

모델21의 장점성격은 목의 욕망, 야망, 도전과 성취욕입니다. 수의 친화성, 유연성과 공감능력입니다. 금의 성실, 합리적 사고, 인내심, 끈기와 학습 능력입니다. 이 3개의 장점성격이 하나의 테마에 초점이 맞추어져 목표가 설정되었습니다. 이 목표가 모델21의 성격소유자 행동의 나침반이 됩니다. 모델21과 비슷한 장점성격을 가진 나폴레옹을 살펴보겠습니다. 나폴레옹의 오행성격특성은 목2개, 수2개, 금2개, 토2개 화

0개입니다.

'내 사전에 불가능이란 없다' 프랑스 황제 <u>나폴레옹</u>

나폴레옹은 코르시카섬에서 변호사인 아버지와 전통 군인가문 출신인 어머니 사이에서 8명 중 둘째로 태어났습니다. 나폴레옹은 7세에 예수회 학교에 입학하여 글 읽기, 쓰기, 셈법, 라틴어, 고대사를 공부했습니다. 9살 때 프랑스로 건너가 수도원 부속 중학교에 입학했습니다. 그 후 나폴레옹은 브르엔군사학교, 파리 육군사관학교에 입학하여 조기 졸업하고 포병장교가 되었습니다. 나폴레옹은 16세 소위로 임관하였습니다. 그는 수 주간 기본 훈련을 받고 여유 있는 초급장교 시절에 수학, 화학, 물리 등 강의를 들었습니다. 그는 역사, 철학, 포병기술, 포대 진지 구축 등 많은 독서를 하였습니다.

1789년 프랑스혁명 때 나폴레옹은 지도력을 발휘하여 전공을 세웠습니다.(토1개→토2개로 장점성격이 됨) 그는 1799년 쿠데타로 통일정부를 세워 제1대통령이 되었습니다. 1804년에 나폴레옹은 황제가 되었습니다. 그는 처음으로 『프랑스 민법전』인 나폴레옹법전을 제정했습니다. 나폴레옹법전은 '만민은 법 앞에 평등'하다는 근대적 가치관을 도입한 근대 법전입니다. 나폴레옹법전은 근대 여러 나라 법전의 본보기가 되었습니다.

나폴레옹은 제1대통령 시절 원정대를 이끌고 해발 2469m의 알프스를 넘어 이탈리아북부를 장악했습니다. 그는 이 정복 작전을 극구 말리는 부관들에게 '내 사전에 불가능은 없다.'라는 유명한 말을 남겼습니다. 이 말속에 나폴레옹의 야망, 도전 그리고 지도력 등 그의 목의 장점성격과 토의 장점성격이 잘 드러나 있습니다.(장점성격 목2개+장점성격 토2개) 나폴레옹은 유럽 여러 나라 정복전쟁에서 군사 상황을 합리적이고 객관적으로 판단하여 치밀한 전략과 포병기술을 최대로 활용하여 전쟁을 승리로 이끌었습니다.(금2개) 나폴레옹은 믿음, 의리, 포용과 책임감, 부드러움이 있어 리더십이 매우 뛰어났습니다.(토2개)

나폴레옹은 국민투표로 제1대통령이 되어 프랑스를 근대국가로 만드는데 많은 기여를 했습니다. 나폴레옹은 프랑스의 영웅입니다. 나폴레옹의 장점성격 4개(목, 금, 수, 토)가 나폴레옹을 프랑스의 빛나는 영웅으로 만든 본보기로 생각됩니다.

오행성격특성의 팀워크는 당신의 성취 열쇠

모델21의 오행성격특성 팀워크는 오행약점성격을 상생으로 보완하여 팀의 능력과 잠재력을 높일 수 있습니다. 팀은 오행장점성격을 상극으로 조절해서 오행성격특성 사이의 조화가 이루어지게 합니다. 팀의 상생과 상극활용으로 팀의 성취를 이루어 낼 수 있습니다.

모델21의 오행성격의 화와 토는 사주 8자에 분포수가 각각 1개로 오행성격 평균분포수 1.6개(사주 8자÷오행 5자=1.6개)인 중간단계보다 적은 약점성격입니다. 장점성격인 목은 화와 상생관계이므로 목이 화에게 상당한 도움을 주어 화의 오행성격특성의 역할을 중간단계 가까이 끌어올릴 가능성이 있습니다.(목생화) 장점성격인 금은 토와 상생관계이므로 금이 토에게 상당한 도움을 주어 토의 오행성격특성의 역할을 중간단계 가까이 끌어올릴 가능성이 있습니다.(금생토)

금은 목과 화와 상극관계입니다. 금은 화의 신경과민과 불안을 완화시켜 주는 멘토 역할을 합니다.(금극화) 금은 목의 과도한 욕심, 욕망과 경솔한 행동을 조절해 줍니다.(금극목) 화는 금의 냉정한 행동을 정감 있는 행동으로 바꾸도록 멘토를 해줍니다.(화극금) 목은 금의 머뭇거리는 행동을 조절해 줍니다.(목극금)

나폴레옹은 오행장점성격 4개를 가지고 있습니다. 그의 화는 0개이지만 장점성격인 목과 상생으로 강화된 토가 화에게 충분한 도움을 주어 화의 오행성격특성의 역할을 강화하였습니다. 나폴레옹의 장점성격 4개와 화가 오행성격특성 사이의 조화를 이루게 하였습니다. 나폴레옹은 자기의 오행성격특성의 팀워크로 자기성취의 열쇠를 가지게 되었습니다.

당신은 상생과 상극을 활용하여 당신의 오행성격특성 사이의 조화를 이루게 하면 당신의 오행성격특성 팀워크 능력이 배가 되며 당신의 다양한 잠재력이 실현하게 될 가능성이 매우 높아집니다. 당신은 오행성격특성의 팀워크로 당신의 자기 성취의 열쇠를 가지게 됩니다.

이기적 행동과 이타적 행동의 균형은 당신의 행복 열쇠

인간의 생물본능은 자연환경의 창조품입니다.

인간의 사회본능은 사회생태계의 창조품입니다.

오행의 '목'과 '화'의 성격특성행동은 인간의 생물본능이 근원입니다.

오행의 '금'과 '수'의 성격특성행동은 인간의 사회본능이 근원입니다.

인간의 이기적 행동은 '목'과 '화' 성격에서 태어났습니다.

인간의 이타적 행동은 '금'과 '수' 성격에서 태어났습니다.

이기적 행동을 하는 사람은 재산, 명예, 지위 등 자아성취에 몰두할 가능성이 높습니다. 이타적 행동을 하는 사람은 다른 사람들을 더 많이 돕고 다정하며 이해심이 깊고 선행을 즐깁니다. 그러나 자기 성취의 가능성은 낮습니다. 공중에 친 밧줄 위로 안정되게 줄타기하는 곡예사는 장대를 들고 무게 중심을 좌우로 계속 옮기면서 걷습니다. 관객들의 마음은 조마조마 하지만 곡예사는 균형을 잘 잡으며 걷습니다. 줄타기 기술은 장대의 무게 중심을 계속해서 좌우로 옮기는 데 있습니다. 이렇게 역동적 균형을 유지합니다.

대부분의 사람은 매일매일 상황에 따라 이기적 행동과 이타적 행동의 균형을 유지합니다. 이기적 행동과 이타적 행동 중 하나가 어느 한쪽으로 기울어져 있으면 대부분 사람은 행복한 마음에 머물러 있기가 어렵습니다. 이기적인 행동과 이타적 행동의 균형을 맞추려는 노력을 일상생활에서 계속하면 우리는 행복한 마음으로 생활할 수 있습니다.

당신은 손안에 행복의 열쇠를 쥐고 있습니다.

모델21의 성격소유자는 이기적 행동과(장점성격, 목2개) 이타적 행동(장점성격, 금2개)의 균형이 이루어져 있습니다. 이기적 뿌리인 목의 성격과 이타적 뿌리인 금의 성격이 균형을 이루고 있습니다. 나폴레옹의 이기적 행동(목2개)과 이타적 행동(금2개)이 균형을 이루고 있습니다. 모델21 성격소유자와 나폴레옹은 손안에 행복의 열쇠를 쥐고 있습니다.

우리는 타고난 생물본능과 사회본능을 우리의 마음속에 함께 가지고 있습니다. 이것이 인간(人間)의 숙명(fate)입니다.

당신의 목표는 당신의 행동 나침반

당신의 오행성격특성을 제대로 이해하는 것은 당신의 야망을 품은 목표를 찾아내는 데 도움이 됩니다. 당신의 타고난 재능인 오행장점성격과 당신이 계획한 목표가 꼭 들어맞을 때 그 목표에 대해 마음이 끌리게 됩니다. 즉, 신바람이 나서 즐거운 마음으로 시간 가는 줄 모르고 당신의 재능에 맞는 목표를 추구하게 됩니다. 또한 당신은 목표를 추구하고 이루기 위해 무의식적으로 강렬한 열정이 솟아납니다. 당신은 당신의 재능을 세상에 보여줄 수 있는 가장 적합한 장소와 기회가 있는 곳, 그리고 그곳의 사회환경을 합리적 사고로 정확하게 살펴보아야 합니다. 그러면 당신은 자연스럽게 그 목표를 추구하고자 하는 의지력이 강해지고 목표의 생명력이 길어집니다. 당신의 목표가 당신의 행동 나침반이 됩니다.

모델22의 장점성격은 목의 욕망, 야망, 도전과 성취욕입니다. 화의 사랑, 열정과 순발력과 창의력입니다. 목과 화의 장점성격이 하나의 테마에 초점이 맞추어져 목표가 설정되었습니다. 이 목표가 모델22와 성격 소유자 행동의 나침반이 됩니다. 모델22와 비슷한 장점성격을 가진 케네디 대통령을 살펴보겠습니다. 케네디 대통령의 오행성격특성은 목2개, 화3개, 토2개, 금1개, 수0개입니다.

뉴 프런티어 정신을 제창한 케네디 대통령

케네디는 부유한 사업가 조지프 패트릭 케네디의 9남매 중 둘째로 태어났습니다. 케네디 아버지는 정치적 야망이 매우 큰 분으로 알려져 있었습니다. 케네디는 아버지의 야망에 따라 어릴 적부터 엘리트 교육을 받았습니다. 케네디는 어려서부터 형제들보다 왜소하고 잔병치레도 많이 했습니다. 그는 보딩스 스쿨인 초트고등학교에서 성적이 중위권으로 좋지 않았습니다. 정계 유력 인사이자 하버드 대학 출신의 아버지 도움으로 하버드 대학에 입학했습니다. 그는 대학에서 정치학을 공부했습니다.

케네디는 학창 시절 정치와 외교에 관심이 많았습니다. 그는 유럽여행을 정치·외교 현지학습으로 생각한 것으로 여겨집니다. 그는 여행 전에 유럽의 역사, 정치, 외교에 관한 연구를 한 것으로 보입니다. 케네디는 유럽 여행 후 『영국은 왜 잠자고 있는가』를 출간하여 정치서적으로 특별나게 베스트셀러 작가가 됩니다. 케네디의 외교에 관한 졸업논문은 깊은 통찰력을 인정받았습니다. 케네디의 장점성격은 화가 3개로 작가가 될 수 있는 재능을 타고났습니다. 괴테, 도스토예프스키, 헤세, 빅토르 위고, 소동파 등 많은 작가들의 장점성격은 화가 3개 이상입니다. 케네디 졸업논문에서 보여준 깊은 통찰력은 그의 장점성격인 토의 총명함과 지혜입니다. 케네디는 "내치에서의 실수는 선거에서 지면 그만이지만 외교에서의 실수는 우리 모두에게 죽음을 가져올 수 있다"라는 명언을 남겼습니다.

케네디는 제2차 세계대전 당시 해군에 지원 참전하였습니다. 케네디는 중위로 어뢰정 PT-109 정장으로 작전 중에 일본 구축함에 침몰되었습니다. 어뢰정 침몰 직후 두 명은 실종되었습니다. 케네디는 침착하게 10명을 이끌고 6km를 헤엄쳐 인근에 위치한 무인도에 상륙하여 구출되었습니다. 수병 한 명이 구축함과 충돌 당시 화상을 입어 수영할 수 없어 자신을 두고 가라고 했지만 케네디는 그를 등에 업는 식으로 구명조끼를 연결해 4시간을 수영해서 데려갔습니다. 다시 2km 떨어진 올라서나 섬으로 이동하는데 이때도 수병을 등에 지고 수영해서 갔습니다. 이 사건은 케네디의 장점성격인 목의 성격인 용기, 야망, 도전과 성취욕, 장점성격인 화의 사랑, 열정, 순발력과 창의성에서 비롯됩니다. 장점성격인 토의 리더십이 위기를 극복한 하나의 본보기입니다. 그는 쿠바 위기를 해결하고 아폴로 계획을 실행에 옮겨 우주 경쟁에서 미국이 절대 우위를 갖게 했습니다. "국가가 당신에게 뭘 해줄지 묻지 말고, 여러분이 국가를 위해서 뭘 할 수 있는지 물으라"는 연설 문장은 뉴프런티어 정신을 미국 국민들에게 미국에 대한 충성심을 불러일으켰습니다.

오행성격특성의 팀워크는 당신의 성취 열쇠

모델22의 오행성격특성 팀워크는 오행약점성격을 상생으로 보완하여 팀의 능력과 잠재력을 높일 수 있습니다. 팀은 오행장점성격을 상극으로 조절해서 오행성격특성 사이의 조화가 이루어지게 합니다. 팀의 상생과 상극활용으로 팀의 성취를 이루어 낼 수 있습니다.

모델22의 오행성격의 금, 수, 토는 사주 8자에 분포수가 각각 1개로 오행성격 평균분포수 1.6개(사주 8자÷오행 5자=1.6개)인 중간단계보다 적은 약점성격입니다. 장점성격인 목은 수와 상생관계이므로 목이 수에게 상당한 도움을 주어 수의 오행성격특성의 역할을 중간단계 가까이 끌어올릴 가능성이 있습니다.(목생수) 장점성격인 화3개는 토와 상생관계이므로 토에게 충분한 도움을 주어 토의 오행성격특성의 역할을 중간단계 가까이 끌어올릴 가능성이 매우 높습니다.(화생토) 목과 화에게 오행성격특성의 역할이 강화된 수와 토는 금과 상생관계이므로 약점이 강화된 수와 토가 금에게 약간의 도움을 주어 금의 오행성격특성의 역할을 중간단계 쪽으로 약간 끌어올릴 가능성이 있습니다.(토생금+수생금)

금은 목과 화와 상극관계입니다. 금은 화의 신경과민과 불안을 완화시켜 주는 멘토 역할을 합니다.(금극화) 금은 목의 과도한 욕심, 욕망과 경솔한 행동을 조절해 줍니다.(금극목) 화는 금의 냉정한 행동을 정감 있는 행동으로 바꾸도록 멘토를 해줍니다.(화극금) 목은 금의 머뭇거리는 행동을 조절해 줍니다.(목극금)

케네디 대통령은 오행장점성격, 목2개, 화3개, 토2개를 가지고 있습니다. 케네디 대통령은 소년시절 엘리트 교육과 훈련을 받았습니다. 이 교육과 훈련은 케네디 대통령의 약점성격인 금을 장점성격으로 변화시켰습니다.(금1개→금2개) 케네디 대통령이 집필한 『영국은 왜 잠자고 있는가』라는 책과 그의 졸업논문의 우수성은 그의 금의 장점성격을 보여준 것입니다. 결과적으로 그는 장점성격 4개(목2개, 화3개, 토2개, 금2개)를 가진 것입니다. 그의 약점성격인 수도 목과 상생으로 수의 오행성격특성의 역할이 강화되었습니다.

케네디 대통령은 4개의 장점성격과 상생으로 강화된 약점성격이 오행성격특성 사이의 조화를 이루어지게 하였습니다. 케네디 대통령은 그의 오행성격특성의 팀워크로 자기의 성취 열쇠를 가지게 되었습니다.

당신은 상생과 상극을 활용하여 당신의 오행성격특성 사이의 조화를 이루게 하면 당신의 오행성격특성 팀워크 능력이 배가 되며 당신의 다양한 잠재력이 실현하게 될 가능성이 매우 높아집니다. 당신은 오행성격특성의 팀워크로 당신의 자기 성취의 열쇠를 가지게 됩니다.

이기적 행동과 이타적 행동의 균형은 당신의 행복 열쇠

인간의 생물본능은 자연환경의 창조품입니다.
인간의 사회본능은 사회생태계의 창조품입니다.
오행의 '목'과 '화'의 성격특성행동은 인간의 생물본능이 근원입니다.
오행의 '금'과 '수'의 성격특성행동은 인간의 사회본능이 근원입니다.
인간의 이기적 행동은 '목'과 '화' 성격에서 태어났습니다.
인간의 이타적 행동은 '금'과 '수' 성격에서 태어났습니다.

이기적 행동을 하는 사람은 재산, 명예, 지위 등 자아성취에 몰두할 가능성이 높습니다. 이타적 행동을 하는 사람은 다른 사람들을 더 많이 돕고 다정하며 이해심이 깊고 선행을 즐깁니다. 그러나 자기 성취의 가능성은 낮습니다. 공중에 친 밧줄 위로 안정되게 줄타기하는 곡예사는 장대를 들고 무게 중심을 좌우로 계속 옮기면서 걷습니다. 관객들의 마음은 조마조마 하지만 곡예사는 균형을 잘 잡으며 걷습니다. 줄타기 기술은 장대의 무게 중심을 계속해서 좌우로 옮기는 데 있습니다. 이렇게 역동적 균형을 유지합니다.

대부분의 사람은 매일매일 상황에 따라 이기적 행동과 이타적 행동의 균형을 유지합니다. 이기적 행동과 이타적 행동 중 하나가 어느 한 쪽으로 기울어져 있으면 대부분 사람은 행복한 마음에 머물러 있기가 어렵습니다. 이기적인 행동과 이타적 행동의 균형을 맞추려는 노력을 일상생활에서 계속하면 우리는 행복한 마음으로 생활할 수 있습니다. 당신은 손안에 행복의 열쇠를 쥐고 있습니다.

모델22의 성격소유자는 이기적 행동과(목2개, 화3개) 이타적 행동(금1개, 수1개)의 균형이 이루어지지 않았습니다. 모델22의 성격소유자는 이타적 행동의 뿌리인 금과 수의 성격특성들을 매일 외워 목에 익히는 노력이 필요합니다. 케네디 대통령은 이기적 행동(목2개)과 이타적 행동(금2개)가 균형을 이루고 있습니다. 케네디 대통령은 손안에 행복의 열쇠를 쥐고 있습니다.

우리는 타고난 생물본능과 사회본능을 우리의 마음속에 함께 가지고 있습니다. 이것이 인간(人間)의 숙명(fate)입니다.

모델23의 오행성격특성은 화3개, 금2개, 목1개, 수1개, 토1개입니다.

당신의 목표는 당신의 행동 나침반

당신의 오행성격특성을 제대로 이해하는 것은 당신의 야망을 품은 목표를 찾아내는 데 도움이 됩니다. 당신의 타고난 재능인 오행장점성격과 당신이 계획한 목표가 꼭 들어맞을 때 그 목표에 대해 마음이 끌리게 됩니다. 즉, 신바람이 나서 즐거운 마음으로 시간 가는 줄 모르고 당신의 재능에 맞는 목표를 추구하게 됩니다. 또한 당신은 목표를 추구하고 이루기 위해 무의식적으로 강렬한 열정이 솟아납니다. 당신은 당신의 재능을 세상에 보여줄 수 있는 가장 적합한 장소와 기회가 있는 곳, 그리고 그곳의 사회환경을 합리적 사고로 정확하게 살펴보아야 합니다. 그러면 당신은 자연스럽게 그 목표를 추구하고자 하는 의지력이 강해지고 목표의 생명력이 길어집니다. 당신의 목표가 당신의 행동 나침반이 됩니다.

모델23의 장점성격은 화의 사랑, 열정, 순발력과 창의성입니다. 금의 성실, 합리적 사고, 인내심, 끈기와 학습 능력입니다. 화와 금의 장점성격이 하나의 테마에 초점이 맞추어져 목표가 설정되었습니다. 이 목표가 모델23의 성격소유자 행동의 나침반이 됩니다. 모델23과 비슷한 장점성격을 가진 도스토옙스키를 살펴보겠습니다.

걸작 『죄와 벌』을 남긴 세계적인 문호 <u>도스토옙스키</u>

도스토옙스키는 의사인 아버지와 어머니 사이에서 7남매 가운데 차남으로 태어났습니다. 아버지는 귀족 가문 출신이었지만 당시 러시아에서는 중인계급이었습니다. 넉넉한 살림은 아니었습니다. 아버지는 가부장적 성격이었습니다. 온화하고 자애로운 성격을 지닌 어머니는 도스토옙스키가 17세 때 폐결핵으로 사망했습니다. 그는 13세 때 모스크바 체트마크 기숙학교에 입학했습니다. 졸업 후 도스토옙스키는 공병학교에 입학하여 군사교육을 받았습니다. 성격이 예민하고 병약했던 그는 군사교육은 싫었지만 문학에 대한 열정을 가진 친구들을 만나 자기들의 습작을 서로 평가하고 토론하는 것이 유일한 위안이 되었습니다. 도스토옙스키는 공병학교 졸업 후 육군성제도국 소위로 임관했습니다. 그는 문학에 대한 사랑과 열정 때문에 3년간 근무 후 제대했습니다. 도스토옙스키는 25세 때 『가난한 사람들』을 발표해 극찬을 받았습니다.(장점성격=창의적 재능, 화3개) 그는 젊은 지식인들이 모여 공상적 사회주의를 신봉하는 급진적 정치모임에 참여했습니다. 도스토옙스키는 이 일로 체포되어 사형선고를 받았습니다. 그는 총살형이 집행되기 직전에 황제의 특별사면으로 사형은 면했지만 시베리아로 유배되어 4년간 감옥에서 수형생활을 했습니다. 도스토옙스키는 성경만이 허용된 환경에서 성경에 대한 깊은 독서에서 성경의 진리를 깨달았습니다. 그는 급진적 사회주의자에서 기독교적 인도주의자로 바뀌었습니다.(수1개→수2개, 환경적응력)

도스토옙스키는 페테르부르크에 귀환한 후 문학에 정진하여 1866년

걸작 『죄와 벌』을 완성했습니다. 필자도 고등학교 2학년 중간고사 직전에 이 소설에 심취되어 중간고사를 망치기는 했지만 후회한 적은 없습니다. 1880년 그는 최후의 걸작 『카라마조프의 형제』를 완성했습니다. 도스토옙스키는 산업혁명이후 신흥자본주의의 빠른 성장의 그늘에서 신음하는 소시민의 대변자(화3개, 아가페적 사랑)이었습니다. 그는 열정적으로 슬라브 민족을 사랑했습니다. 도스토옙스키가 청소년 시절에 받은 엄격한 교육과 훈련 그리고 수형 생활은 그의 장점성격(금2개)이 약점성격 수1개를 장점성격 수2개로 강화시켰습니다. 그가 병약한 몸인데도 불구하고 수많은 명작소설을 집필한 것은 그의 장점성격인 금의 성실함, 노력, 인내심, 끈기와 학습 능력과 장점성격인 화의 창의력, 그리고 장점성격 수의 통찰력 3개의 재능이 최대로 계발, 확장시켜 빛낸 본보기로 생각됩니다.

오행성격특성의 팀워크는 당신의 성취 열쇠

모델23의 오행성격특성 팀워크는 오행약점성격을 상생으로 보완하여 팀의 능력과 잠재력을 높일 수 있습니다. 팀은 오행장점성격을 상극으로 조절해서 오행성격특성 사이의 조화가 이루어지게 합니다. 팀의 상생과 상극활용으로 팀의 성취를 이루어 낼 수 있습니다.

모델23의 오행성격의 목, 수, 토는 사주 8자에 분포수가 각각 1개로 오행성격 평균분포수 1.6개(사주 8자÷오행 5자=1.6개)인 중간단계보다 적은 약점성격입니다. 장점성격인 화는 목과 상생관계이므로 화3개가 목에게 충분한 도움을 주어 목의 오행성격특성의 역할을 중간단계 가까이 끌어올릴 가능성이 매우 높습니다.(화생목) 장점성격인 화와 금은 토와 상생관계이므로 화와 금이 토에게 매우 충분한 도움을 주어 토의 오행성격특성의 역할을 중간단계 가까이 끌어올릴 가능성이 매우 확실합니다.(화생토+금생토) 장점성격 금은 수와 상생관계이므로 금이 수에게 상당한 도움을 주어 수의 오행성격특성의 역할을 중간단계 가까이 끌어올릴 가능성이 있습니다.(금생수)

금은 목과 화와 상극관계입니다. 금은 화의 신경과민과 불안을 완화시켜 주는 멘토 역할을 합니다.(금극화) 금은 목의 과도한 욕심, 욕망과 경솔한 행동을 조절해 줍니다.(금극목) 화는 금의 냉정한 행동을 정감 있는 행동으로 바꾸도록 멘토를 해줍니다.(화극금) 목은 금의 머뭇거리는 행동을 조절해 줍니다.(목극금)

화와 수는 상극관계입니다. 약점성격인 수는 화의 신경과민과 불안을 약간 완화시켜 주는 멘토의 역할을 합니다.(수극화)

도스토옙스키는 오행장점성격 화3개, 금2개를 가지고 있습니다. 그는 소년시절 군사훈련과 시베리아 4년 수형 생활의 경험이 현실 감각을 높여 상황과 환경 변화에 유연하게 대처하는 적응력이 강화된 것으로 보입니다.(약점성격 수가 장점성격 수로 바뀜) 결과적으로 도스토옙스키의 장점성격은 3개가 되었습니다. 그는 페테르부르크에 돌아온 후 과민한 성격이 상당히 유연한 성격으로 바뀌어 정상생활을 하게 된 것으로 보입니다. 도스토옙스키는 3개의 장점성격과 상생으로 강화된 약점성격인 목과 토가 그의 오행성격특성 사이의 조화를 이루게 하였습니다. 도스토옙스키는 그의 오행성격특성의 팀워크로 자기의 성취 열쇠를 가지게 되었습니다.

당신은 상생과 상극을 활용하여 당신의 오행성격특성 사이의 조화를 이루게 하면 당신의 오행성격특성 팀워크 능력이 배가 되며 당신의 다양한 잠재력이 실현하게 될 가능성이 매우 높아집니다. 당신은 오행성격특성의 팀워크로 당신의 자기 성취의 열쇠를 가지게 됩니다.

이기적 행동과 이타적 행동의 균형은 당신의 행복 열쇠

인간의 생물본능은 자연환경의 창조품입니다.
인간의 사회본능은 사회생태계의 창조품입니다.
오행의 '목'과 '화'의 성격특성행동은 인간의 생물본능이 근원입니다.
오행의 '금'과 '수'의 성격특성행동은 인간의 사회본능이 근원입니다.
인간의 이기적 행동은 '목'과 '화' 성격에서 태어났습니다.
인간의 이타적 행동은 '금'과 '수' 성격에서 태어났습니다.

이기적 행동을 하는 사람은 재산, 명예, 지위 등 자아성취에 몰두할 가능성이 높습니다. 이타적 행동을 하는 사람은 다른 사람들을 더 많이 돕고 다정하며 이해심이 깊고 선행을 즐깁니다. 그러나 자기 성취의 가능성은 낮습니다. 공중에 친 밧줄 위로 안정되게 줄타기하는 곡예사는 장대를 들고 무게 중심을 좌우로 계속 옮기면서 걷습니다. 관객들의

마음은 조마조마 하지만 곡예사는 균형을 잘 잡으며 걷습니다. 줄타기 기술은 장대의 무게 중심을 계속해서 좌우로 옮기는 데 있습니다. 이렇게 역동적 균형을 유지합니다.

대부분의 사람은 매일매일 상황에 따라 이기적 행동과 이타적 행동의 균형을 유지합니다. 이기적 행동과 이타적 행동 중 하나가 어느 한쪽으로 기울어져 있으면 대부분 사람은 행복한 마음에 머물러 있기가 어렵습니다. 이기적인 행동과 이타적 행동의 균형을 맞추려는 노력을 일상생활에서 계속하면 우리는 행복한 마음으로 생활할 수 있습니다. 당신은 손안에 행복의 열쇠를 쥐고 있습니다.

모델23의 성격소유자와 도스토옙스키는 이기적 행동과(장점성격, 화3개) 이타적 행동(장점성격, 금2개)의 균형이 이루어져 있습니다. 모델23 성격소유자와 도스토옙스키는 손안에 행복의 열쇠를 쥐고 있습니다.

우리는 타고난 생물본능과 사회본능을 우리의 마음속에 함께 가지고 있습니다. 이것이 인간(人間)의 숙명(fate)입니다.

당신의 목표는 당신의 행동 나침반

당신의 오행성격특성을 제대로 이해하는 것은 당신의 야망을 품은 목표를 찾아내는 데 도움이 됩니다. 당신의 타고난 재능인 오행장점성격과 당신이 계획한 목표가 꼭 들어맞을 때 그 목표에 대해 마음이 끌리게 됩니다. 즉, 신바람이 나서 즐거운 마음으로 시간 가는 줄 모르고 당신의 재능에 맞는 목표를 추구하게 됩니다. 또한 당신은 목표를 추구하고 이루기 위해 무의식적으로 강렬한 열정이 솟아납니다. 당신은 당신의 재능을 세상에 보여줄 수 있는 가장 적합한 장소와 기회가 있는 곳, 그리고 그곳의 사회환경을 합리적 사고로 정확하게 살펴보아야 합니다. 그러면 당신은 자연스럽게 그 목표를 추구하고자 하는 의지력이 강해지고 목표의 생명력이 길어집니다. 당신의 목표가 당신의 행동 나침반이 됩니다.

모델24의 장점성격은 목의 욕망, 야망, 도전과 성취욕입니다. 금의 성실, 합리적 사고, 인내심, 끈기와 학습 능력입니다. 목과 금의 장점성격이 하나의 테마에 초점이 맞추어져 목표가 설정되었습니다. 이 목표가 모델24의 성격소유자 행동의 나침반이 됩니다. 모델24와 비슷한 장점성격을 가진 조던과 빈 살만을 살펴보겠습니다.

농구 황제 마이클 조던

마이클 조던은 뉴욕 브루클린에서 태어났습니다. 그는 농구선수인 형을 보며 농구를 잘하고 싶은 욕망이 매우 강한 소년이었습니다. 조던은 소년 시절부터 최고의 농구선수가 되겠다는 확고한 목표를 세운 것으로 생각됩니다.(장점성격, 목3개) 그는 형에게 농구에 대한 철저한 교육을 받았습니다. 그는 형에게 배운 농구 기술을 연습과 훈련으로 꾸준히 성실하게 연마하였습니다.(장점성격, 금2개) 조던은 몸무게 98kg, 키 198cm에 공중에서의 완전한 신체 밸런스를 유지하는 등 탁월한 신체 능력을 갖춘 청년으로 성장했습니다. 그는 강렬한 승부욕과 명예욕 그리고 자신의 능력을 믿는 자기 확신과 성취욕이 강인한 정신력을 가지고 있었습니다. 그는 농구의 모든 기술을 통달하여 달인의 경지에 오른 천재적인 농구선수였습니다. 조던이 천재적인 선수가 된 것은 타고난 탁월한 신체와 능력 그리고 그의 재능을 달인의 경지에 오르게 한 그의 확고한 목표(장점성격, 목3개)와 그의 재능을 끊임없이 갈고닦은 금의 장점성격(장점성격, 금2개)에 있습니다.

21세기 경제계를 주도하는 무함마드 빈 살만 알사우드

빈 살만은 사우디아라비아의 왕세자이며 총리입니다. 그는 살만 국왕의 일곱째 아들입니다. 그는 킹 사우드 대학에 법학 학위를 수료한 후 왕세자인 아버지 조언가로 일했습니다. 아버지가 국왕으로 추대되자 그는 국방부 장관으로 임명되고 왕세자로 책봉되었습니다. 빈 살만은 국내외 상황을 객관적으로 판단하고 경제를 감안하여 실용적으로 일을 처리합니다.(장점성격, 목3개) 전 세계의 이목을 끌고 있는 신도시는 빈 살만의 야심찬 경제개발과 미래에 대한 그의 비전을 잘 보여주는 창작품입니다. 빈 살만은 사우디아라비아를 살기 좋고 안전한 국가의 유토피아로 만들려는 빛나는 꿈을 보여줄 것을 기대합니다. 빈 살만은 높은 야망과 도전(목3개), 합리적 사고로 목표를 세우고 실행해 나가는 강한 의지력이 있습니다.(장점성격, 금2개) 그의 자기 계발에 대한 학습 능력과 노력, 철저한 준비는 그의 장점성격인 금의 성격에 기반을 두고 있습니다.

농구 황제 조던과 21세기 경제주도자 빈 살만의 장점성격은 비슷합니다. 그러나 그들의 재능을 보여주는 분야는 매우 다릅니다. 모델24 성격소유자들은 두 분의 가정과 사회환경에 관심을 가지기를 바랍니다. "사람은 환경의 자식이다"라는 명언이 있습니다.

오행성격특성의 팀워크는 당신의 성취 열쇠

모델24의 오행성격특성 팀워크는 오행약점성격을 상생으로 보완하여 팀의 능력과 잠재력을 높일 수 있습니다. 팀은 오행장점성격을 상극으로 조절해서 오행성격특성 사이의 조화가 이루어지게 합니다. 팀의 상생과 상극활용으로 팀의 성취를 이루어 낼 수 있습니다.

모델24의 오행성격의 화, 수, 토는 사주 8자에 분포수가 각각 1개로 오행성격 평균분포수 1.6개(사주 8자÷오행 5자=1.6개)인 중간단계보다 적은 약점성격입니다. 장점성격인 목은 화와 상생관계이므로 목3개가 화에게 충분한 도움을 주어 화의 오행성격 특성의 역할을 중간단계 가까이 끌어올릴 가능성이 매우 높습니다.(목생화) 장점성격 목과 장점성격인 금이 수와 상생관계이므로 목3개와 금이 수에게 매우 충분한 도움을 주어 오행성격특성의 역할을 중간단계 가까이 끌어올릴 가능성이 매우 높습니다.(목생수+금생수) 장점성격인 금은 토와 상생관계이므로 금이 토에게 상당한 도움을 주어 토의 오행성격특성의 역할을 중간단계 가까이 끌어올릴 가능성이 있습니다.(금생토)

금은 목과 화와 상극관계입니다. 금은 화의 신경과민과 불안을 완화시켜 주는 멘토 역할을 합니다.(금극화) 금은 목의 과도한 욕심, 욕망과 경솔한 행동을 조절해 줍니다.(금극목) 화는 금의 냉정한 행동을 정감 있는 행동으로 바꾸도록 멘토를 해줍니다.(화극금) 목은 금의 머뭇거리는 행동을 조절해 줍니다.(목극금)

조던은 오행장점성격 목3개, 금2개를 가지고 있습니다. 그는 소년시절부터 농구 기술 교육과 훈련을 받아 장점성격인 금의 성격이 더욱 강화되었습니다.(금2개 →금3개) 조던의 장점성격인 목3개, 금3개와 상생으로 화, 수, 토가 오행성격역할이 강화되어 그의 오행성격특성 사이의 조화를 이루게 되었습니다. 그는 오행성격특성의 팀워크로 자기 성취 열쇠를 쥐게 되어 농구 황제가 되었습니다. 빈 살만의 오행장점성격 목과 금과 상생으로 화, 수의 오행성격특성역할이 강화되어 그의 오행성격특성 사이의 조화를 이루게 되었습니다. 농구 황제가 된 조던처럼 빈 살만도 그의 오행성격특성의 팀워크로 자기의 성취 열쇠를 가지게 되었습니다. 빈 살만도 경제 황제에 오를지 기대가 됩니다.

당신은 상생과 상극을 활용하여 당신의 오행성격특성 사이의 조화를 이루게 하면 당신의 오행성격특성 팀워크 능력이 배가 되며 당신의 다양한 잠재력이 실현하게 될 가능성이 매우 높아집니다. 당신은 오행성격특성의 팀워크로 당신의 자기 성취의 열쇠를 가지게 됩니다.

이기적 행동과 이타적 행동의 균형은 당신의 행복 열쇠

인간의 생물본능은 자연환경의 창조품입니다.
인간의 사회본능은 사회생태계의 창조품입니다.
오행의 '목'과 '화'의 성격특성행동은 인간의 생물본능이 근원입니다.
오행의 '금'과 '수'의 성격특성행동은 인간의 사회본능이 근원입니다.
인간의 이기적 행동은 '목'과 '화' 성격에서 태어났습니다.
인간의 이타적 행동은 '금'과 '수' 성격에서 태어났습니다.

이기적 행동을 하는 사람은 재산, 명예, 지위 등 자아성취에 몰두할 가능성이 높습니다. 이타적 행동을 하는 사람은 다른 사람들을 더 많이 돕고 다정하며 이해심이 깊고 선행을 즐깁니다. 그러나 자기 성취의 가능성은 낮습니다. 공중에 친 밧줄 위로 안정되게 줄타기하는 곡예사는 장대를 들고 무게 중심을 좌우로 계속 옮기면서 걷습니다. 관객들의

마음은 조마조마 하지만 곡예사는 균형을 잘 잡으며 걷습니다. 줄타기 기술은 장대의 무게 중심을 계속해서 좌우로 옮기는 데 있습니다. 이렇게 역동적 균형을 유지합니다.

대부분 사람은 매일매일 상황에 따라 이기적 행동과 이타적 행동의 균형을 유지합니다. 이기적 행동과 이타적 행동 중 하나가 어느 한쪽으로 기울어져 있으면 대부분 사람은 행복한 마음에 머물러 있기가 어렵습니다. 이기적인 행동과 이타적 행동의 균형을 맞추려는 노력을 일상생활에서 계속하면 우리는 행복한 마음으로 생활할 수 있습니다. 당신은 손안에 행복의 열쇠를 쥐고 있습니다.

모델24의 성격소유자와 조던과 빈 살만은 이기적 행동과(장점성격, 목3개) 이타적 행동(장점성격, 금2개)의 균형이 이루어져 있습니다. 모델24의 성격소유자와 조던과 빈 살만은 손안에 행복의 열쇠를 쥐고 있습니다.

우리는 타고난 생물본능과 사회본능을 우리의 마음속에 함께 가지고 있습니다. 이것이 인간(人間)의 숙명(fate)입니다.

모델25의 오행성격특성은 토3개, 화2개, 목1개, 금1개, 수1개입니다.

당신의 목표는 당신의 행동 나침반

당신의 오행성격특성을 제대로 이해하는 것은 당신의 야망을 품은 목표를 찾아내는 데 도움이 됩니다. 당신의 타고난 재능인 오행장점성격과 당신이 계획한 목표가 꼭 들어맞을 때 그 목표에 대해 마음이 끌리게 됩니다. 즉, 신바람이 나서 즐거운 마음으로 시간 가는 줄 모르고 당신의 재능에 맞는 목표를 추구하게 됩니다. 또한 당신은 목표를 추구하고 이루기 위해 무의식적으로 강렬한 열정이 솟아납니다. 당신은 당신의 재능을 세상에 보여줄 수 있는 가장 적합한 장소와 기회가 있는 곳, 그리고 그곳의 사회환경을 합리적 사고로 정확하게 살펴보아야 합니다. 그러면 당신은 자연스럽게 그 목표를 추구하고자 하는 의지력이 강해지고 목표의 생명력이 길어집니다. 당신의 목표가 당신의 행동 나침반이 됩니다.

모델 25의 장점성격은 토의 열린 마음, 포용, 신뢰와 지도력입니다. 화의 사랑, 열정, 창의력과 순발력입니다. 토와 화의 장점성격이 하나의 테마에 초점이 맞추어져 목표가 설정되었습니다. 이 목표가 모델 25의 성격소유자 행동의 나침반이 됩니다.

모델 25와 비슷한 장점성격을 가진 슈바이처를 살펴보겠습니다.

원시림의 성자 닥터 슈바이처 목사

슈바이처는 루터교 목사 루이 슈바이처의 장남으로 태어났습니다. 슈바이처는 몸이 약했습니다. 그의 아버지는 건강을 걱정해서 그를 공기가 맑은 농촌 권스바흐에서 살게 하였습니다. 슈바이처는 농촌 생활에서 자연과 소통하면서 모든 생명에 대한 경건하고 공손한 태도를 가지게 되었습니다. 이때 생명의 사상이 싹이 튼 것으로 보입니다. 그는 오르간을 배워 교회에 오르간 연주를 하였습니다. 그는 유년 시절 아버지에게서 성서의 가르침을 성실하게 받아 기독교 믿음이 길러졌습니다.

슈바이처는 농촌의 가난한 친구들을 보면서 연민과 동정심 그리고 공감 능력이 높아졌습니다. 교회에서 그는 아버지의 아프리카 사람들의 비참한 삶에 대한 많은 설교를 듣고 감명받아 아프리카 선교를 결심하게 된 동기가 되었다고 합니다.

슈바이처는 고등학교를 작은할아버지 댁에서 다녔습니다. 그는 할아버지의 엄격하면서도 사랑이 담긴 정성 어린 교육을 받은 것을 늘 감사하였습니다. 슈바이처는 20세에서 30세까지 철학박사와 신학박사를 취득하면서 오르간 연주자 역할도 하였습니다. 그는 30세 되던 해 의학 과정에 진학했습니다. 슈바이처는 인류애의 직접 봉사활동을 위해 38세 되던 해 아프리카에서 의료 선교를 시작하였습니다. 그는 '흑인의 아버지', '원시림의 성자'로서 위대한 사랑의 힘으로 아프리카 밀림에서 흑인들을 위하여 일생을 바쳤습니다. 슈바이처는 아프리카에서 의료 봉사를 한 것과 인류의 형제애를 발전시키는 데 기여한 공로로 1952년 노벨평화상을 수상하였습니다. 그는 "당신 중 진정으로 행복할 사람은 봉사할 방법을 찾고 찾은 사람들뿐입니다."라는 명언을 남겼습니다. 슈바이처는 봉사란 어떻게 해야 하는 것이 진정한 사랑의 실천과 봉사활동인지를 행동으로 보여준 인류 역사에 빛나는 본보기입니다.

슈바이처의 장점성격인 목3개는 소년 시절 농촌 생활에 더욱 강화되었습니다. 그는 가난한 친구들과 생활하면서 아가페 적 사랑이 더욱 높아졌습니다.(화2개) 슈바이처는 소년 시절 아버지 성격 교육과 작은할아버지의 교육과 훈련, 그리고 철학박사, 신학박사를 취득하기 위해 성실한 대학 생활을 한 것이 금의 약점성격을 장점으로 강화시킨 것으로 생각됩니다.(금1개→금2개) 이 3개의 장점성격이 슈바이처를 인류의 스승이 되게 한 것으로 생각됩니다.

오행성격특성의 팀워크는 당신의 성취 열쇠

모델25의 오행성격특성 팀워크는 오행약점성격을 상생으로 보완하여 팀의 능력과 잠재력을 높일 수 있습니다. 팀은 오행장점성격을 상극으로 조절해서 오행성격특성 사이의 조화가 이루어지게 합니다. 팀의 상생과 상극활용으로 팀의 성취를 이루어 낼 수 있습니다.

모델25의 오행성격 목, 금, 수는 사주 8자에 분포수가 각각 1개로 오행성적 평균분포수 1.6개(사주 8자÷오행 5자=1.6개)인 중간단계보다 적은 약점성격입니다. 장점성격인 화는 목과 상생관계이므로 화가 목에게 상당한 도움을 주어 몸의 오행성격특성의 역할을 중간단계 가까이 끌어올릴 가능성이 있습니다.(화생목) 장점성격인 토3개는 금과 상생관계이므로 토가 금에게 충분한 도움을 주어 몸의 오행성격특성의 역할을 중간단계 가까이 끌어올릴 가능성이 매우 높습니다.(토생금) 토와 상생으로 금의 약점성격이 강화되었습니다. 금은 수와 상생관계이므로 금이 수에게 약간의 도움을 줄 수 있습니다.(금생수)

금은 목과 화와 상극관계입니다. 금은 화의 신경과민과 불안을 완화시켜 주는 멘토 역할을 합니다.(금극화) 금은 목의 과도한 욕심, 욕망과 경솔한 행동을 조절해 줍니다.(금극목) 화는 금의 냉정한 행동을 정감 있는 행동으로 바꾸도록 멘토를 해줍니다.(화극금) 목은 금의 머뭇거리는 행동을 조절해 줍니다.(목극금)

슈바이처는 오행장점성격 토3개, 화2개를 가지고 있습니다. 슈바이처는 소년 시절 아버지에게 성경교육과 작은할아버지의 엄격하면서 사랑이 담긴 정성 어린 교육과 훈련을 받았습니다. 슈바이처의 금의 오행성격은 약점이지만 아버지와 작은할아버지의 교육과 훈련은 그의 약점성격을 장점성격으로 강화시켰습니다.(금1개→금2개)

결과적으로 슈바이처는 오행장점성격 3개를 가지게 되었습니다. 슈바이처는 장점성격 3개와 약점성격인 목과 수의 오행성격특성 역할이 강화되며 그의 오행성격특성 사이의 조화가 이루어지게 되었습니다. 슈바이처는 자기의 오행성격특성의 팀워크로 자기 성취 열쇠를 가지게 되었습니다.

당신은 상생과 상극을 활용하여 당신의 오행성격특성 사이의 조화를 이루게 하면 당신의 오행성격특성 팀워크 능력이 배가 되며 당신의 다양한 잠재력이 실현하게 될 가능성이 매우 높아집니다. 당신은 오행성격특성의 팀워크로 당신의 자기 성취의 열쇠를 가지게 됩니다.

이기적 행동과 이타적 행동의 균형은 당신의 행복 열쇠

인간의 생물본능은 자연환경의 창조품입니다.
인간의 사회본능은 사회생태계의 창조품입니다.
오행의 '목'과 '화'의 성격특성행동은 인간의 생물본능이 근원입니다.
오행의 '금'과 '수'의 성격특성행동은 인간의 사회본능이 근원입니다.
인간의 이기적 행동은 '목'과 '화' 성격에서 태어났습니다.
인간의 이타적 행동은 '금'과 '수' 성격에서 태어났습니다.

이기적 행동을 하는 사람은 재산, 명예, 지위 등 자아성취에 몰두할 가능성이 높습니다. 이타적 행동을 하는 사람은 다른 사람들을 더 많이 돕고 다정하며 이해심이 깊고 선행을 즐깁니다. 그러나 자기 성취의 가능성은 낮습니다. 공중에 친 밧줄 위로 안정되게 줄타기하는 곡예사는 장대를 들고 무게 중심을 좌우로 계속 옮기면서 걷습니다. 관객들의 마음은 조마조마 하지만 곡예사는 균형을 잘 잡으며 걷습니다. 줄타기 기술은 장대의 무게 중심을 계속해서 좌우로 옮기는 데 있습니다. 이렇게 역동적 균형을 유지합니다.

대부분의 사람은 매일매일 상황에 따라 이기적 행동과 이타적 행동의 균형을 유지합니다. 이기적 행동과 이타적 행동 중 하나가 어느 한쪽으로 기울어져 있으면 대부분 사람은 행복한 마음에 머물러 있기가 어렵습니다. 이기적인 행동과 이타적 행동의 균형을 맞추려는 노력을 일상생활에서 계속하면 우리는 행복한 마음으로 생활할 수 있습니다. 당신은 손안에 행복의 열쇠를 쥐고 있습니다.

모델25의 성격소유자와 슈바이처는 이기적 행동과(장점성격, 화2개) 이타적 행동(장점성격, 토3개)의 균형이 이루어져 있습니다. 이타적 뿌리인 약점성격 수를 대리한 토와 이기적 뿌리인 장점성격 화의 성격이 균현을 이루었습니다. 모델25의 성격소유자와 슈바이처는 손안에 행복의 열쇠를 쥐고 있습니다.

우리는 타고난 생물본능과 사회본능을 우리의 마음속에 함께 가지고 있습니다. 이것이 인간(人間)의 숙명(fate)입니다.

성격모델_26

모델 26의 오행성격특성은 토3개, 목2개, 화1개, 금1개, 수1개입니다.

당신의 목표는 당신의 행동 나침반

당신의 오행성격특성을 제대로 이해하는 것은 당신의 야망을 품은 목표를 찾아내는 데 도움이 됩니다. 당신의 타고난 재능인 오행장점성격과 당신이 계획한 목표가 꼭 들어맞을 때 그 목표에 대해 마음이 끌리게 됩니다. 즉, 신바람이 나서 즐거운 마음으로 시간 가는 줄 모르고 당신의 재능에 맞는 목표를 추구하게 됩니다. 또한 당신은 목표를 추구하고 이루기 위해 무의식적으로 강렬한 열정이 솟아납니다. 당신은 당신의 재능을 세상에 보여줄 수 있는 가장 적합한 장소와 기회가 있는 곳, 그리고 그곳의 사회환경을 합리적 사고로 정확하게 살펴보아야 합니다. 그러면 당신은 자연스럽게 그 목표를 추구하고자 하는 의지력이 강해지고 목표의 생명력이 길어집니다. 당신의 목표가 당신의 행동 나침반이 됩니다.

모델 26의 장점성격은 토의 열린 마음, 포용, 신뢰, 끈기와 지도력입니다. 목의 욕망, 야망, 도전과 명예욕입니다. 토와 목의 장점성격이 하나의 테마에 초점이 맞추어져 목표가 설정되었습니다. 이 목표가 모델 26의 성격소유자 행동의 나침반입니다. 모델 26과 비슷한 장점성격을 가지고 있는 칸트를 살펴보겠습니다.

위대한 철학자 칸트

칸트는 수공업자인 아버지와 어머니 사이에 11남매 중에 넷째로 태어났습니다. 소년 시절 칸트는 부모님의 청교도적 생활의 영향을 많이 받았습니다. 칸트는 8세에 프리드릭스 김나지움에서 엄격한 교육과 훈련을 받았습니다. 그는 대학에 입학하여 철학과 수학을 공부했습니다. 칸트는 아버지의 사망으로 가정교사 생활도 했습니다. 그는 철학에 대한 열정으로 대학에 돌아와 31세 때 철학박사 학위를 받았습니다. 칸트는 여러 가지 어려움 극복하고 48세에 모교의 대학교수가 되었습니다. 그는 모교에서 철학 교육과 연구를 하며 평생 혼자 살았습니다. 칸트는 불후의 저서들을 남겼습니다. 『순수이성비판; 나는 무엇을 어떻게 알 수 있을까?』『실천이성비판, 나는 어떻게 행동해야 하나?』『판단력 비판, 나는 무엇을 바랄 수 있나?』 등이 칸트의 대표작입니다.

칸트는 "우리의 마음속에는 충동(생물본능)과 도덕심(사회본능)이 경쟁하고 있다"고 하였습니다. 그는 충동(생물본능)과 도덕심(사회본능)의 균형을 일상생활에서 유지하는 것이 우리의 정상적인 삶이라고 생각한 것 같습니다. 칸트는 『인간학』 속에 고대 로마 갈레노스의 체액설을 인용하여 성격을 혈액의 움직임 속도와 온도를 기준으로 경혈(다혈질:봄), 중혈(우울질:가을), 온혈(담즙질:여름), 냉혈(점액질:겨울) 등 기질로 분류했습니다. 칸트의 4기질론은 19세기 유럽 성격유형론의 기반이 되었습니다.

칸트는 소년 시절 김나지움에서 교육과 훈련을 받았습니다. 이 교육과 훈련으로 칸트는 금의 약점성격(금1개)이 장점성격(금2개)으로 강화된 것입니다. 칸트는 장점성격을 3개 가지게 된 것입니다. 칸트는 열린 마음으로 여러 학문 분야를 탐구하고 창조력을 발휘했습니다.(토3개) 그는 학습 능력이 뛰어난 수많은 저서를 집필했습니다.(금2개) 칸트는 학문을 일생 목표로 학문 추구에 온 생을 바쳤습니다.(목2개) 칸트는 장점성격 목, 금, 토를 하나의 초점, 학문에 맞추어 그의 천재적 재능을 최대로 발휘했습니다.

오행성격특성의 팀워크는 당신의 성취 열쇠

모델26의 오행성격특성 팀워크는 오행약점성격을 상생으로 보완하여 팀의 능력과 잠재력을 높일 수 있습니다. 팀은 오행장점성격을 상극으로 조절해서 오행성격특성 사이의 조화가 이루어지게 합니다. 팀의 상생과 상극활용으로 팀의 성취를 이루어 낼 수 있습니다.

모델26의 오행성격의 화, 금, 수는 사주 8자에 분포수가 각각 1개로 오행성격 평균분포수 1.6개(사주 8자÷오행 5자=1.6개)인 중간단계보다 적은 약점성격입니다. 장점성격인 목과 토는 화와 상생관계이므로 목과 토가 매우 충분한 도움을 주어 화의 오행성격특성 역할을 중간단계 매우 가까이 끌어올릴 가능성이 아주 높습니다.(토생화 + 목생화) 장점성격인 토는 금과 상생관계이므로 토3개가 금에서 충분한 도움을 주어 금의 오행성격특성 역할을 중간단계 가까이 끌어올릴 가능성이 매우 높습니다.(토생금) 장점성격 목은 수와 상생관계이므로 목이 수에게 상당한 도움을 주어 수의 오행성격특성의 역할을 중간단계 가까이 끌어올

릴 가능성이 있습니다.(목생수)

금은 목과 화와 상극관계입니다. 금은 화의 신경과민과 불안을 완화시켜 주는 멘토 역할을 합니다.(금극화) 금은 목의 과도한 욕심, 욕망과 경솔한 행동을 조절해 줍니다.(금극목) 화는 금의 냉정한 행동을 정감 있는 행동으로 바꾸도록 멘토를 해줍니다.(화극금) 목은 금의 머뭇거리는 행동을 조절해 줍니다.(목극금)

칸트는 오행장점성격 토3개, 목2개를 가지고 있습니다. 칸트는 어린 시절에 부모님의 청교도 교육과 훈련을 받았습니다. 그는 소년 시절에 김나지움에서 엄격한 교육을 받았습니다. 칸트의 금의 오행성격은 약점에서 장점성격으로 강화되었습니다. 결과적으로 칸트는 오행장점성격을 3개 가지게 되었습니다. 칸트는 장점성격 3개와 약점성격인 화와 수의 오행성격특성 역할이 강화되어 그의 오행성격 특성 사이의 조화가 이루어지게 되었습니다. 칸트는 오행성격특성의 팀워크로 자기 성취의 열쇠를 가지게 되었습니다.

당신은 상생과 상극을 활용하여 당신의 오행성격특성 사이의 조화를 이루게 하면 당신의 오행성격특성 팀워크 능력이 배가 되며 당신의 다양한 잠재력이 실현하게 될 가능성이 매우 높아집니다. 당신은 오행성격특성의 팀워크로 당신의 자기 성취의 열쇠를 가지게 됩니다.

이기적 행동과 이타적 행동의 균형은 당신의 행복 열쇠

인간의 생물본능은 자연환경의 창조품입니다.

인간의 사회본능은 사회생태계의 창조품입니다.

오행의 '목'과 '화'의 성격특성행동은 인간의 생물본능이 근원입니다.

오행의 '금'과 '수'의 성격특성행동은 인간의 사회본능이 근원입니다.

인간의 이기적 행동은 '목'과 '화' 성격에서 태어났습니다.

인간의 이타적 행동은 '금'과 '수' 성격에서 태어났습니다.

이기적 행동을 하는 사람은 재산, 명예, 지위 등 자아성취에 몰두할 가능성이 높습니다. 이타적 행동을 하는 사람은 다른 사람들을 더 많이 돕고 다정하며 이해심이 깊고 선행을 즐깁니다. 그러나 자기 성취의 가능성은 낮습니다. 공중에 친 밧줄 위로 안정되게 줄타기하는 곡예사는 장대를 들고 무게 중심을 좌우로 계속 옮기면서 걷습니다. 관객들의 마음은 조마조마 하지만 곡예사는 균형을 잘 잡으며 걷습니다. 줄타기 기술은 장대의 무게 중심을 계속해서 좌우로 옮기는 데 있습니다. 이렇게 역동적 균형을 유지합니다.

대부분의 사람은 매일매일 상황에 따라 이기적 행동과 이타적 행동의 균형을 유지합니다. 이기적 행동과 이타적 행동 중 하나가 어느 한 쪽으로 기울어져 있으면 대부분 사람은 행복한 마음에 머물러 있기가 어렵습니다. 이기적인 행동과 이타적 행동의 균형을 맞추려는 노력을 일상생활에서 계속하면 우리는 행복한 마음으로 생활할 수 있습니다.

당신은 손안에 행복의 열쇠를 쥐고 있습니다.

모델 26의 성격소유자와 칸트는 이기적 행동(장점성격, 목2개)과 이타적 행동(장점성격, 토3개)의 균형이 이루어져 있습니다. 이타적 행동의 뿌리인 약점성격 수를 대리한 토와 이기적 행동의 뿌리인 장점성격 목의 성격이 균형을 이루었습니다. 모델26의 성격 소유자와 칸트는 손안에 행복의 열쇠를 쥐고 있습니다.

우리는 타고난 생물본능과 사회본능을 우리의 마음속에 함께 가지고 있습니다. 이것이 인간(人間)의 숙명(fate)입니다.

모델 27의 오행성격특성은 토4개, 목1개, 화1개, 금1개, 수1개입니다.

당신의 목표는 당신의 행동 나침반

당신의 오행성격특성을 제대로 이해하는 것은 당신의 야망을 품은 목표를 찾아내는 데 도움이 됩니다. 당신의 타고난 재능인 오행장점성격과 당신이 계획한 목표가 꼭 들어맞을 때 그 목표에 대해 마음이 끌리게 됩니다. 즉, 신바람이 나서 즐거운 마음으로 시간 가는 줄 모르고 당신의 재능에 맞는 목표를 추구하게 됩니다. 또한 당신은 목표를 추구하고 이루기 위해 무의식적으로 강렬한 열정이 솟아납니다. 당신은 당신의 재능을 세상에 보여줄 수 있는 가장 적합한 장소와 기회가 있는 곳, 그리고 그곳의 사회환경을 합리적 사고로 정확하게 살펴보아야 합니다. 그러면 당신은 자연스럽게 그 목표를 추구하고자 하는 의지력이 강해지고 목표의 생명력이 길어집니다. 당신의 목표가 당신의 행동 나침반이 됩니다.

모델 27의 장점성격은 토4개입니다. 토의 오행성격특성은 생물본능이 근원인 '목'과 '화'와 사회본능이 근원인 '금'과 '수'의 오행성격특성 역할을 모두 대리할 수 있습니다. 토는 축구에서 올라운더(all-rounde) 선수, 농구 황제 조던, 야구 오타니 소웨이 선수처럼 오행성격특성 역할은 필요에 따라 모두 대리로 할 수 있습니다. 모델 27의 장점성격은 토2개로 열린 마음, 포용, 신뢰와 지도력입니다. 토는 약점성격인 화1개에

토1개를 나누어주면 화는 2개로 장점성격이 됩니다.

화는 열정, 창의력, 사랑과 순발력입니다. 약점성격인 목에게 토1개를 나누어 주면 목2개로 장점성격이 됩니다. 목의 장점은 야망, 도전과 꿈입니다. 토, 목, 화 장점성격이 하나의 테마에 초점이 맞추어져 목표가 설정되었습니다. 이 목표가 모델 27의 성격소유자 '행동의 나침반'이 됩니다. 모델27과 비슷한 장점성격을 가진 이병철 삼성그룹 회장을 살펴보겠습니다.

한국의 산업, 정보화를 이끈 삼성그룹 이병철 회장

이 회장은 부잣집 막내아들로 태어났습니다. 이 회장의 오행성격특성은 토4개, 목1개, 금2개, 수1개, 화0개입니다. 모델27의 성격소유자처럼 토의 도움을 받으면 토2개, 목2개(1+1=2) 화1개(0+1=1) 수1개, 금2개 입니다. 결과적 이 회장은 장점성격인 토 2개, 목2개, 금2개와 약점성격인 화1개, 수1개가 됩니다. 이 회장의 장점성격인 토, 목과 금이 하나의 테마에 초점을 맞추어 목표가 설정되었습니다. 이 목표가 이 회장의 행동의 나침반이 됩니다. 식민지 시절에 이 회장이 일본 유학을 결심하고 실행에 옮긴 것은 대단히 도전적이고 용기 있는 행동입니다.(장점성격, 목2개) 이 회장은 동쪽 바다에서 바람결에 실려 온 일본의 경제혁신 노래에 마음이 끌려 일본 유학을 도전한 것으로 보입니다.(장점성격, 토2개) 이 회장은 일본의 빠르게 발전한 모습을 보고 놀랐습니다. 산업화된 일본을 체험하며 이 회장은 조국의 산업화의 꿈을 마음속에 품었을 것입니다.

이 회장은 앞서가는 국가의 음식문화, 특히 가락국수(우동)를 주의 깊게 살폈습니다. 귀국 후 그는 국수공장을 짓고 산업화에 작은 발걸음을 내디뎠습니다. 인간생활의 세 가지 꼭 필요한 요소는 음식과 옷과 집입니다. 이 회장은 이 세 가지 요소에 맞추어 기업을 창업했습니다. 기업인이 된 이 회장은 세계가 농업사회에서 산업사회로 그리고 정보화 사회로 발전해 가는 방향과 속도를 몸으로 느낀 것으로 보입니다. 1980년 초에 혁신과 새로운 아이디어를 받아들이는 열린 마음을 가진 (장점성격, 토2개) 이 회장은 전자산업의 계획을 신중하게 세우고(장점성격, 금2개), 과감하게 전자산업에 도전합니다. 그는 기업의 동력을 반도체 산업에 집중하여 세계 전자산업계 선두 그룹에 합류하였습니다. 이러한 기업 성공 비결은 그의 장점성격(재능)을 계발하고 확장하여 3개의 장점성격을 기업 성장에 초점을 맞추어 재능을 활용한 본보기로 생각됩니다. 이 회장은 삼성을 세계 경제계에 빛나는, 스스로 빛을 내는 별을 창조하였습니다.

오행성격특성의 팀워크는 당신의 성취 열쇠

모델27 오행성격특성 팀워크는 오행약점성격을 상생으로 보완하여 팀의 능력과 잠재력을 높일 수 있습니다. 팀은 오행장점성격을 상극으로 조절해서 오행성격특성 사이의 조화가 이루어지게 합니다. 팀의 상생과 상극활용으로 팀의 성취를 이루어 낼 수 있습니다.

모델27의 오행성격특성의 토4개에서 1개씩 약점성격인 목과 화에게 나누어 주어 약점성격인 목2개(1+1), 화2개(1+1)로 장점성격이 되었습니다. 모델27의 오행성격 금과 수는 사주 8자에 분포수가 각각 1개로 오행성격 평균분포수 1.6개(사주 8자÷오행 5자=1.6개)인 중간단계보다 적은 약점성격입니다. 장점성격인 토는 금과 상생관계이므로 토가 금에게 상당한 도움을 주어 금의 오행성격특성 역할을 중간단계 가까이 끌어올릴 가능성이 있습니다.(토생금) 장점성격인 목은 수와 상생관계이므로 목이 수에게 상당한 도움을 주어 수의 오행성격특성 역할을 중간단계 가까이 끌어올릴 가능성이 있습니다.(목생화)

금은 목과 화와 상극관계입니다. 금은 화의 신경과민과 불안을 완화시켜 주는 멘토 역할을 합니다.(금극화) 금은 목의 과도한 욕심, 욕망과 경솔한 행동을 조절해 줍니다.(금극목) 화는 금의 냉정한 행동을 정감 있는 행동으로 바꾸도록 멘토를 해줍니다.(화극금) 목은 금의 머뭇거리는 행동을 조절해 줍니다.(목극금)

이 회장은 오행장점성격 토2개, 목2개, 금2개를 가지고 있습니다. 이 회장의 오행약점성격인 화와 수가 상생으로 중간단계 가까이 강화되었습니다. 이 회장의 오행장점성격 3개와 오행약점성격 2개의 오행성격특성 사이의 조화가 이루어지게 되었습니다.

이 회장은 오행성격특성의 팀워크로 자기 성취의 열쇠를 가지게 되었습니다.

당신은 상생과 상극을 활용하여 당신의 오행성격특성 사이의 조화

를 이루게 하면 당신의 오행성격특성 팀워크 능력이 배가 되며 당신의 다양한 잠재력이 실현하게 될 가능성이 매우 높아집니다. 당신은 오행성격특성의 팀워크로 당신의 자기 성취의 열쇠를 가지게 됩니다.

이기적 행동과 이타적 행동의 균형은 당신의 행복 열쇠

인간의 생물본능은 자연환경의 창조품입니다.
인간의 사회본능은 사회생태계의 창조품입니다.
오행의 '목'과 '화'의 성격특성행동은 인간의 생물본능이 근원입니다.
오행의 '금'과 '수'의 성격특성행동은 인간의 사회본능이 근원입니다.
인간의 이기적 행동은 '목'과 '화' 성격에서 태어났습니다.
인간의 이타적 행동은 '금'과 '수' 성격에서 태어났습니다.

이기적 행동을 하는 사람은 재산, 명예, 지위 등 자아성취에 몰두할 가능성이 높습니다. 이타적 행동을 하는 사람은 다른 사람들을 더 많이 돕고 다정하며 이해심이 깊고 선행을 즐깁니다. 그러나 자기 성취의 가능성은 낮습니다. 공중에 친 밧줄 위로 안정되게 줄타기하는 곡예사는 장대를 들고 무게 중심을 좌우로 계속 옮기면서 걷습니다. 관객들의 마음은 조마조마 하지만 곡예사는 균형을 잘 잡으며 걷습니다. 줄타기 기술은 장대의 무게 중심을 계속해서 좌우로 옮기는 데 있습니다. 이렇게 역동적 균형을 유지합니다.

대부분의 사람은 매일매일 상황에 따라 이기적 행동과 이타적 행동의 균형을 유지합니다. 이기적 행동과 이타적 행동 중 하나가 어느 한 쪽으로 기울어져 있으면 대부분 사람은 행복한 마음에 머물러 있기가 어렵습니다. 이기적인 행동과 이타적 행동의 균형을 맞추려는 노력을 일상생활에서 계속하면 우리는 행복한 마음으로 생활할 수 있습니다. 당신은 손안에 행복의 열쇠를 쥐고 있습니다.

모델27의 성격소유자와 이 회장은 이기적 행동(장점성격, 목2개)과 이타적 행동(장점성격, 토2개)의 균형이 이루어져있습니다. 모델27의 성격소유자와 이 회장은 손안에 행복의 열쇠를 쥐고 있습니다.

우리는 타고난 생물본능과 사회본능을 우리의 마음속에 함께 가지고 있습니다. 이것이 인간(人間)의 숙명(fate)입니다.

당신의 목표는 당신의 행동 나침반

당신의 오행성격특성을 제대로 이해하는 것은 당신의 야망을 품은 목표를 찾아내는 데 도움이 됩니다. 당신의 타고난 재능인 오행장점성격과 당신이 계획한 목표가 꼭 들어맞을 때 그 목표에 대해 마음이 끌리게 됩니다. 즉, 신바람이 나서 즐거운 마음으로 시간 가는 줄 모르고 당신의 재능에 맞는 목표를 추구하게 됩니다. 또한 당신은 목표를 추구하고 이루기 위해 무의식적으로 강렬한 열정이 솟아납니다. 당신은 당신의 재능을 세상에 보여줄 수 있는 가장 적합한 장소와 기회가 있는 곳, 그리고 그곳의 사회환경을 합리적 사고로 정확하게 살펴보아야 합니다. 그러면 당신은 자연스럽게 그 목표를 추구하고자 하는 의지력이 강해지고 목표의 생명력이 길어집니다. 당신의 목표가 당신의 행동 나침반이 됩니다.

모델 28의 장점성격은 수의 친화성, 통찰력, 유연성, 적응력과 공감능력입니다. 목의 야망, 도전, 의지력과 전략입니다. 수와 목의 장점성격이 하나의 테마에 초점이 맞추어져 목표가 설정되었습니다. 이 목표가 모델28의 성격소유자 행동의 나침반입니다.

모델28과 비슷한 장점성격을 가진 이에야스를 살펴보겠습니다.

일본 에도 막부를 세우고 첫 쇼군이 된 **도쿠가와 이에야스**

　이에야스는 성주인 아버지와 성주의 딸인 어머니 사이에서 태어납니다. 그는 2살 때 어머니와 헤어졌습니다. 이에야스는 6세 때부터 19세 무렵까지 인질로 생활했습니다. 그는 8세 무렵부터 스승 셋사에게 6년간 학문과 병법을 배웠습니다. 그는 16세에 결혼하고, 17세 때 방화 작전으로 첫 전투에서 승리했습니다. 그 후 여러 해 동안 이에야스는 전쟁에 승리하며 지도자적 재능을 보였습니다. 이에야스는 히데요시의 여동생과 정략결혼으로 히데요시에게 형식적으로 복종을 맹세합니다.(장점성격, 수3개, 목2개), 그는 히데요시와 다른 지방의 다이묘들과의 중재자로 역할을 성공적으로 수행했습니다.(수3개) 이에야스는 히데요시가 내려준 에도에 입성하였습니다. 그는 선정을 베풀고 행정전문가, 경제전문가, 승려, 유학자들을 등용하였습니다.(장점성격, 토2개) 이에야스는 히데요시가 조선을 침략할 당시 신중하게 생각하여 조선침략전쟁에 참여하지 않았습니다.(장점성격, 금2개) 그는 일본에 들어온 외국인들을 외교 및 무역의 고문으로 적극 활용했습니다. 이에야스는 조선과 명나라와의 관계를 개선하고 동남아국가는 물론 유럽 국가들과도 교류를 펼쳐 나갔습니다.

　그는 6년 동안 훌륭한 스승의 교육과 훈련으로 약점성격인 금이 장점성격으로 바뀌었습니다.(금1개→2개) 이에야스는 수많은 전쟁에서 약점성격 토가 장점성격으로 바뀌었습니다.(토1개→2개) 결과적으로 이에야스의 장점성격은 타고난 수3개와 목2개, 그리고 교육 훈련과 체험들의 연마로 금1개가 2개, 토1개가 2개인 장점성격이 되었습니다. 이에야스는 4개의 장점성격을 제대로 발휘하여 일본의 영웅이 되었습니다. "두견새가 울지 않으면 울 때까지 기다려라"는 그의 명언입니다.(장점성격, 수3개)

오행성격특성의 팀워크는 당신의 성취 열쇠

모델28의 오행성격특성의 팀워크는 오행약점성격을 상생으로 보완하여 팀의 능력과 잠재력을 높일 수 있습니다. 그리고 오행장점성격을 상극으로 조절하여 오행성격특성 사이의 조화를 이루게 합니다.

모델28의 오행성격 화, 금, 토는 사주 8자에 분포수가 각각 1개로 오행성격 평균분포수 1.6개(사주 8자÷오행 5자=1.6개)인 중간단계보다 적은 약점성격입니다. 장점성격인 목은 화와 상생관계이므로 목이 화에게 상당한 도움을 주어 화의 오행성격특성의 역할을 중간단계 가까이 끌어올릴 가능성이 있습니다.(목생화) 장점성격인 수3개는 금과 상생관계이므로 수3개가 금에게 충분한 도움을 주어 금의 오행성격특성 역할을 중간단계 가까이 끌어올릴 가능성이 매우 높습니다. 오행성격특성 역할이 강화된 화와 금은 토와 상생관계이므로 화와 금이 토에게 약간의 도움을 줄 수 있습니다.

금은 목과 화와 상극관계입니다. 금은 화의 신경과민과 불안을 완화시켜 주는 멘토 역할을 합니다.(금극화) 금은 목의 과도한 욕심. 욕망, 야망과 경솔한 행동을 조절해 줍니다.(금극목) 화는 금의 냉정한 행동을 정감 있는 행동으로 바꾸도록 멘토를 해줍니다.(화극금) 목은 금의 머뭇거리는 행동을 조절해 줍니다.(목극금)

이에야스는 오행장점성격 수3개, 목2개를 가지고 있습니다. 그는 8세부터 6년간 스승에게 학문과 병법 교육과 훈련을 받았습니다. 이 교육과 훈련은 이에야스의 약점성격인 금을 장점성격으로 강화시켰습니다. 그리고 그는 수많은 전쟁을 지휘하면서 그의 약점성격인 토가 강화되어 장점성격이 되었습니다. 결과적으로 그는 수, 목, 금과 토의 4개의 장점성격을 가지게 되었습니다. 그의 약점성격인 화는 장점성격인 목과 토와 상생관계이므로 목과 토에게서 충분한 도움을 받게 되었습니다. 이에야스는 장점성격 4개와 상생으로 화의 약점성격이 강화되어 오행성격특성 사이의 조화가 이루어지게 하였습니다. 이에야스는 오행성격특성의 팀워크로 자기 성취의 열쇠를 가지게 되었습니다.

당신은 상생과 상극을 활용하여 당신의 오행성격특성 사이의 조화를 이루게 하면 당신의 오행성격특성 팀워크 능력이 배가 되며 당신의 다양한 잠재력이 실현하게 될 가능성이 매우 높아집니다. 당신은 오행성격특성의 팀워크로 당신의 자기 성취의 열쇠를 가지게 됩니다.

이기적 행동과 이타적 행동의 균형은 당신의 행복 열쇠

인간의 생물본능은 자연환경의 창조품입니다.
인간의 사회본능은 사회생태계의 창조품입니다.

230

오행의 '목'과 '화'의 성격특성행동은 인간의 생물본능이 근원입니다. 오행의 '금'과 '수'의 성격특성행동은 인간의 사회본능이 근원입니다. 인간의 이기적 행동은 '목'과 '화' 성격에서 태어났습니다. 인간의 이타적 행동은 '금'과 '수' 성격에서 태어났습니다.

이기적 행동을 하는 사람은 재산, 명예, 지위 등 자아성취에 몰두할 가능성이 높습니다. 이타적 행동을 하는 사람은 다른 사람들을 더 많이 돕고 다정하며 이해심이 깊고 선행을 즐깁니다. 그러나 자기 성취의 가능성은 낮습니다. 공중에 친 밧줄 위로 안정되게 줄타기하는 곡예사는 장대를 들고 무게 중심을 좌우로 계속 옮기면서 걷습니다. 관객들의 마음은 조마조마 하지만 곡예사는 균형을 잘 잡으며 걷습니다. 줄타기 기술은 장대의 무게 중심을 계속해서 좌우로 옮기는 데 있습니다. 이렇게 역동적 균형을 유지합니다.

대부분의 사람은 매일매일 상황에 따라 이기적 행동과 이타적 행동의 균형을 유지합니다. 이기적 행동과 이타적 행동 중 하나가 어느 한쪽으로 기울어져 있으면 대부분 사람은 행복한 마음에 머물러 있기가 어렵습니다. 이기적인 행동과 이타적 행동의 균형을 맞추려는 노력을 일상생활에서 계속하면 우리는 행복한 마음으로 생활할 수 있습니다. 당신은 손안에 행복의 열쇠를 쥐고 있습니다. 놀랍게도 3세기 전 칸트는 인간의 생물 본능 행동과 사회본능 행동의 균형이 필요하다고 강조했습니다.

모델28의 성격소유자와 이에야스는 이기적 행동(장점성격, 목2개)과 이타적 행동(장점성격, 수3개)의 균형이 이루어져 있습니다. 모델28의 성격소유자와 이에야스는 손안에 행복의 열쇠를 쥐고 있습니다.

우리는 타고난 생물본능과 사회본능을 우리의 마음속에 함께 가지고 있습니다. 이것이 인간(人間)의 숙명(fate)입니다.

모델 29의 오행성격특성은 수3개, 화2개, 목1개, 금1개, 토1개입니다.

당신의 목표는 당신의 행동 나침반

당신의 오행성격특성을 제대로 이해하는 것은 당신의 야망을 품은 목표를 찾아내는 데 도움이 됩니다. 당신의 타고난 재능인 오행장점성격과 당신이 계획한 목표가 꼭 들어맞을 때 그 목표에 대해 마음이 끌리게 됩니다. 즉, 신바람이 나서 즐거운 마음으로 시간 가는 줄 모르고 당신의 재능에 맞는 목표를 추구하게 됩니다. 또한 당신은 목표를 추구하고 이루기 위해 무의식적으로 강렬한 열정이 솟아납니다. 당신은 당신의 재능을 세상에 보여줄 수 있는 가장 적합한 장소와 기회가 있는 곳, 그리고 그곳의 사회환경을 합리적 사고로 정확하게 살펴보아야 합니다. 그러면 당신은 자연스럽게 그 목표를 추구하고자 하는 의지력이 강해지고 목표의 생명력이 길어집니다. 당신의 목표가 당신의 행동 나침반이 됩니다.

모델29의 장점성격은 수의 친화성, 유연성, 통찰력, 적응력과 공감 능력입니다. 화의 사랑, 열정, 창의력과 순발력입니다. 수와 화의 장점성격이 하나의 테마에 초점을 맞추어서 목표가 설정되었습니다. 이 목표가 모델29의 성격 소유자 행동의 나침반입니다. 모델 29와 비슷한 성격을 가진 소동파를 살펴보겠습니다.

북송 최고의 시인이자 정치가 소식(소동파)

소동파는 당송 팔대가 소순의 아들로 태어났습니다. 소순은 고대중국의 학문과 학자들에 대한 연구를 깊게 한 학자입니다. 소동파는 어린 시절부터 아버지에게 유교의 교육과 훈련을 받았습니다. 그는 당시 당송 팔대가, 정치가, 학자인 구양수에게 교육과 훈련을 받았습니다. 엘리트 교육을 받은 소동파는 당송 팔대가의 반열에 오른 대시인이며, 화가, 서예가와 정치가 등 여러 분야에 천재적 재능을 보였습니다. 그는 22세에 과거에 합격하여 정치가로 활약합니다. 소동파는 유교사상에 뿌리를 둔 현실 참여자로 나라의 일을 듣고 백성을 편안하게 해야 한다는 생각을 실천하려는 행동하는 지성인이었습니다. 그가 행동하는 지성인이 된 것은 아버지와 스승 구양수의 유교 교육과 훈련으로 목1개 약점성격이 목2개의 장점성격으로 길러진데 원인이 있습니다. 소동파는 삶의 기대와 성장욕구가 강렬하고 목표를 높게 세운 미래지향적인 삶을 추구하였습니다.(목2개) 소동파는 정치생활에서 여러 번의 귀양살이를 이겨내고 한림학사에 오르게 되었습니다. 소식(소동파의 본명)은 귀양살이 도중에도 뛰어난 적응력과 유연하게 대응하여 주민들의 칭찬을 받았습니다.(수3개)

소식은 한편으로 불교사상에도 학식이 깊어 물질세계에 초월할 수 있었습니다. 그는 세속적인 가치에 관심이 많지 않았습니다. 온갖 정치적 핍박과 귀양살이 삶 속에서도 세상일에 얽매이지 않고 자기가 하고 싶은 대로 조용하고 편안한 생활을 하였습니다.(수3개)

소동파는 "시를 감상할 때는 그 시가 묘사한 정경을 볼 수 있어야 하고, 그림을 볼 때는 그림 속에 담긴 시적인 정취를 알아차려야 한다."는 뜻의 글귀를 남겼습니다. 중국의 서사시는 조조의 아들 조식의 「낙신부」로 시작합니다. 중국의 당 현종과 양귀비의 사랑을 노래한 백낙천의 「장한가」를 뒤이어 소식은 긴 형식의 시로 읊은 서사시 「적벽부」을 남겼습니다.

소식의 장점성격인 목은 행동하는 지성인의 모습을 보여주었습니다. 소식의 장점성격인 창조력을 발휘하며 시와 그림에서 빛냈습니다. 소식의 장점성격인 수는 현실감각이 뛰어나 정치적인 어려운 환경에서 객관적인 판단으로 상황변화에 유연하게 대처하며 적응력을 보였습니다. 소식의 장점성격인 목은 현실정치에 참여하여 행동하는 지성인의 모습을 남겼습니다. 소식은 4개 장점성격을 제대로 발휘하여 당송 팔대가의 반열에 올랐으며, 중국 문인 화풍을 확립한 화가의 재능도 빛냈습니다.

오행성격특성의 팀워크는 당신의 성취 열쇠

모델29의 오행성격특성 팀워크는 오행약점성격을 상생으로 보완하여 팀의 능력과 잠재력을 높일 수 있습니다. 팀은 오행장점성격을 상극으로 조절해서 오행성격특성 사이의 조화가 이루어지게 합니다. 팀의 상생과 상극활용으로 팀의 성취를 이루어 낼 수 있습니다.

모델 29의 오행성격 목, 금, 토는 사주 8자에 분포수가 각각 1개로 오행성격 평균분포수 1.6개(사주 8자÷오행 5자=1.6개)인 중간단계보다 적은 약점성격입니다. 성격장점인 화는 목과 토와 상생관계이므로 화가 목

과 토에게 각각 상당한 도움을 주어 목과 토의 오행성격특성 역할을
중간단계 가까이 끌어올릴 가능성이 있습니다.(화생목+화생토) 수는 목
과 금과 상생관계이므로 수3개는 목과 금에게 충분한 도움을 주어서
목과 금의 오행성격특성 역할을 중간단계 가까이 끌어올릴 가능성이
매우 높습니다.(수생목+수생금)

금은 목과 화와 상극관계입니다. 금은 화의 신경과민과 불안을 완화
시켜 주는 멘토 역할을 합니다.(금극화) 금은 목의 과도한 욕심, 욕망과
경솔한 행동을 조절해 줍니다.(금극목) 화는 금의 냉정한 행동을 정감
있는 행동으로 바꾸도록 멘토를 해줍니다.(화극금) 목은 금의 머뭇거리
는 행동을 조절해 줍니다.(목극금)

소동파는 오행장점성격 수3개, 화2개를 가지고 있습니다. 그는 소년
시절부터 아버지와 스승 구양수에게 유교 교육과 훈련을 받았습니다.
이 두 분의 교육과 훈련은 소동파의 약점성격인 목1개를 2개로, 약점성
격인 금1개를 2개로 늘리는 효과를 주어 소동파는 장점성격 2개를 추
가해서 가지게 됩니다. 결과적으로 소동파는 장점성격, 목, 화, 금, 수 4
개를 소유하게 되었습니다. 그의 약점성격인 토도 상생으로 강화되어
오행성격특성 사이의 조화가 이루어지게 되었습니다. 소동파는 오행성
격특성 사이의 조화가 이루어지게 되었습니다. 소동파는 오행성격특성
팀워크로 자기 성취 열쇠를 가지게 되었습니다.

당신은 상생과 상극을 활용하여 당신의 오행성격특성 사이의 조화

를 이루게 하면 당신의 오행성격특성 팀워크 능력이 배가 되며 당신의 다양한 잠재력이 실현하게 될 가능성이 매우 높아집니다. 당신은 오행 성격특성의 팀워크로 당신의 자기 성취의 열쇠를 가지게 됩니다.

이기적 행동과 이타적 행동의 균형은 당신의 행복 열쇠

인간의 생물본능은 자연환경의 창조품입니다.
인간의 사회본능은 사회생태계의 창조품입니다.
오행의 '목'과 '화'의 성격특성행동은 인간의 생물본능이 근원입니다.
오행의 '금'과 '수'의 성격특성행동은 인간의 사회본능이 근원입니다.
인간의 이기적 행동은 '목'과 '화' 성격에서 태어났습니다.
인간의 이타적 행동은 '금'과 '수' 성격에서 태어났습니다.

이기적 행동을 하는 사람은 재산, 명예, 지위 등 자아성취에 몰두할 가능성이 높습니다. 이타적 행동을 하는 사람은 다른 사람들을 더 많이 돕고 다정하며 이해심이 깊고 선행을 즐깁니다. 그러나 자기 성취의 가능성은 낮습니다. 공중에 친 밧줄 위로 안정되게 줄타기하는 곡예사는 장대를 들고 무게 중심을 좌우로 계속 옮기면서 걷습니다. 관객들의 마음은 조마조마 하지만 곡예사는 균형을 잘 잡으며 걷습니다. 줄타기 기술은 장대의 무게 중심을 계속해서 좌우로 옮기는 데 있습니다. 이렇게 역동적 균형을 유지합니다.

대부분의 사람은 매일매일 상황에 따라 이기적 행동과 이타적 행동의 균형을 유지합니다. 이기적 행동과 이타적 행동 중 하나가 어느 한 쪽으로 기울어져 있으면 대부분 사람은 행복한 마음에 머물러 있기가 어렵습니다. 이기적인 행동과 이타적 행동의 균형을 맞추려는 노력을 일상생활에서 계속하면 우리는 행복한 마음으로 생활할 수 있습니다. 당신은 손안에 행복의 열쇠를 쥐고 있습니다.

모델29의 성격소유자와 소동파는 이기적 행동과(장점성격, 화2개) 이타적 행동(장점성격, 수3개)의 균형이 이루어져 있습니다. 모델29의 성격소유자와 소동파는 손안에 행복의 열쇠를 쥐고 있습니다.

우리는 타고난 생물본능과 사회본능을 우리의 마음속에 함께 가지고 있습니다. 이것이 인간(人間)의 숙명(fate)입니다.

모델30의 오행성격특성은 토5개, 목1개, 수1개, 화1개, 금0개입니다.

당신의 목표는 당신의 행동 나침반

당신의 오행성격특성을 제대로 이해하는 것은 당신의 야망을 품은 목표를 찾아내는 데 도움이 됩니다. 당신의 타고난 재능인 오행장점성격과 당신이 계획한 목표가 꼭 들어맞을 때 그 목표에 대해 마음이 끌리게 됩니다. 즉, 신바람이 나서 즐거운 마음으로 시간 가는 줄 모르고 당신의 재능에 맞는 목표를 추구하게 됩니다. 또한 당신은 목표를 추구하고 이루기 위해 무의식적으로 강렬한 열정이 솟아납니다. 당신은 당신의 재능을 세상에 보여줄 수 있는 가장 적합한 장소와 기회가 있는 곳, 그리고 그곳의 사회환경을 합리적 사고로 정확하게 살펴보아야 합니다. 그러면 당신은 자연스럽게 그 목표를 추구하고자 하는 의지력이 강해지고 목표의 생명력이 길어집니다. 당신의 목표가 당신의 행동 나침반이 됩니다.

모델30의 장점성격은 토5개입니다. 토의 오행성격특성은 생물본능이 근원인 '목'과 '화'와 사회본능이 근원인 '금'과 '수'의 오행성격특성 역할을 모두 대리로 할 수 있습니다. 토는 축구에서 올라운드(all-rounder) 선수, 농구 황제 조던, 야구 오타이 쇼웨이 선수처럼 오행성격특성 역할을 필요에 따라 모두 대리로 할 수 있습니다. 모델30의 성격소유자는 특별한 장점성격(재능)을 가지고 있습니다. 모델30의 장점성격은 토5개로 열린 마음, 포용, 신뢰와, 지도력입니다.

토는 약점성격인 화1개에 토1개를 나누어 주면 화는 2개로 성격강점이 됩니다. 장점성격은 화의 열정, 창의력, 사랑과 순발력입니다. 토는 약점성격인 목1개에게도 토1개를 나누어주면 목은 2개로 장점성격이 됩니다. 모델30의 장점성격은 목의 욕망, 야망, 도전, 호기심과 행동주의 입니다.

토, 목, 화의 장점성격이 하나의 테마에 초점이 맞추어 목표가 설립되었습니다. 이 목표가 모델30의 성격소유자 행동의 나침반이 되었습니다. 토는 약점성격인 금0개에게도 토1개를 나누어 주어 금이 1개가 되어 금의 오행성격 특성 역할이 활성화되었습니다. 결과적으로 모델30의 오행성격특성은 토2개, 목2개, 화2개, 수2개, 금1개로 조절되었습니다. 모델30과 비슷한 장점성격을 가진 다윈과 링컨을 살펴보겠습니다.

생명의 다양성을 밝힌 『종의 기원』을 저술한 찰스 다윈

다윈은 부유한 의사인 아버지와 어머니 사이에서 2남 4녀 중 다섯째 이자 둘째 아들로 태어났습니다. 박물학자이며 진보 지식인, 의사인 할아버지, 영국 도자기 산업의 창시자이며 도예가이자 기업인인 조시아 웨지우드가 외할아버지입니다. 다윈의 어머니는 다윈이 8세 때 돌아가셔서 누나들에 의해 길러졌습니다. 그의 집 분위기는 너그럽고 인정 많고 자유스러웠습니다. 다윈은 8세 때 식물, 조개, 광물을 수집하는 취미를 가지게 됩니다. 아버지 로버트는 원예가 취미였기 때문에 다윈은 자신의 작은 정원을 가졌습니다. 형은 화학실험에 열중했으며 형의 화학실험도 도왔습니다. 다윈은 박물학자(동물학, 식물학, 광물학, 지질학 등)인 할아버지가 쓴 책들을 읽고 공부했습니다. 그는 교육과 훈련으로 약점 성격인 금1개가 금2개로 되었습니다. 약점성격인 금이 장점성격이 될 것입니다. 그의 초등학교 시절 당시에는 엄격한 주입식 암기교육이었습니다.

다윈은 암기교육에 적응하기가 어려웠습니다. 교사는 "수업시간에 항상 멍하게 있는 녀석"이라고 다윈을 평가했습니다. 다윈보다 70년 후에 태어난 아인슈타인도 초등학교시절 비슷한 평가를 받았습니다. 다윈의 아버지는 다윈을 의학부에 보냈으나 다윈은 의학에 관심을 보이지 않았습니다. 그의 아버지는 다윈을 캠브리지 대학 신학부로 전학시켰습니다. 다윈은 졸업 후 비글호를 타고 5년간 역사적인, 세계 일주를 하였습니다. 그는 여행 중에 자연환경에 적응한 다양한 동물, 식물 종류와 광물 등 많은 박물학 자료 등을 수집했습니다. 다윈은 여행 후 수집한 자료들을 분류하고 분석하며 약 20여 년 간의 종의 기원과 진화론을 연구했습니다. 그는 1856년 진화론을 쓰기 시작하여 1859년 『종의 기원』을 발표했습니다. 다윈은 『종의 기원』을 발표한 후 많은 논쟁에 시달렸지만 10여 년 후에 그의 진화론이 학계에 인정을 받았습니다. 다윈은 1838년 엠마 웨지우드와 결혼했습니다. 그녀는 그의 연구에 훌륭한 조력자이자, 후원자이며 사랑의 동반자였습니다. 그는 갈릴레오. 에디슨, 아인슈타인처럼 내향적 성격이었습니다.

다윈은 목표를 성취하기 위한 집중력과 끈기, 과학적 자료를 근거한 객관적이고 합리적인 판단(장점성격, 금), 그리고 총명함과 지혜로(장점성격, 토) 하나의 목표에만(장점성격, 목) 열정을 끊임없이 집중하였습니다.

(장점성격, 화) 그는 잠재력과 가능성을 지각하는 창의력을 가진 직관형으로(장점성격, 화) 연구에는 열린 마음의 성격을 가지고 있었습니다. 다윈은 장점성격 4개 목, 화, 금, 토를 최대로 발휘한 모델입니다. 다윈은 미래지향적인 삶을 살았습니다. 그는 '나는 죽음 앞에서 어떠한 두려움도 갖고 있지 않다'라는 말을 남기고 1882년 73세 나이로 세상을 떠났습니다. 그는 『종의 기원』에 대한 자기 확신을 가진 것으로 생각됩니다.

모델30과 비슷한 장점성격을 가진 링컨 대통령을 살펴보겠습니다.

미국 남북 전쟁의 승리와 노예해방을 이끈 에이브러햄 링컨

링컨은 아버지 토마스 링컨과 어머니 사이에서 둘째 아들로 켄터키주 호젠빌 통나무집에서 태어났습니다. 링컨이 7세 되었을 때 600에이커를 소유한 농장주였던 아버지는 토지 소유권 분쟁으로 그 농장을 잃고 인디아나주 페리에서 새로운 힘든 삶을 시작했습니다. 링컨은 9세 때 어머니가 사망했습니다. 링컨의 아버지와 재혼한 새엄마는 마음이 따뜻하고 부드러운 분이었습니다. 링컨은 정식교육은 18개월밖에 받지 못했습니다. 그는 독서를 매우 좋아했습니다. 새엄마는 링컨에게 여러 방면의 지식을 습득하도록 책을 주며 격려했습니다. 링컨은 성실한 독학으로 학습 능력이 높아졌습니다. 이런 과정에서 링컨의 약점성격이 장점성격이 된 것으로 생각됩니다. 링컨은 영리하고 말솜씨와 재주가 뛰어났습니다. (토의 성격) 그는 쾌활하고 사교적이며 행동파 성격이었습니다. (목의 성격) 링컨은 키가 193cm로 힘이 장사였습니다. 그는 노동을 좋아하지 않았지만 가족 생계를 돕기 위해 가로장 울타리를 짓는 나무꾼 일도 많이 했습니다. 링컨은 생계를 위해 프로레슬러를 했습니다. 그의 전적은 12년 동안 11승 1패였습니다. 그는 도전적인 경쟁을 즐기는 승부욕이 강한 성격이었습니다. (목의 성격) 링컨의 소년시절 독서 습관은 학습 능력을 높여주었고 독학으로 변호사가 되는 견인차 역할을 한 것으로 생각됩니다. (장점성격, 금의 성격) 그는 출세욕과 명예욕이 강렬하였습니다. 링컨은 이리노이주 주의원으로 정치계에 입문하였습니다. 그 후 링컨은 연방하원의원으로 당선되었습니다. 드디어 1860년 11월 6일 링컨은 대통령으로 당선되었습니다. 링컨 대통령은 재임기간 남북전쟁을 승리를 이끌었습니다. 그는 역사에 길이 남을 노예 해방제도에 서명했습니다. (장점성격, 화의성격) 링컨 대통령은 리더십을 발휘하여 재선에 성공했습니다. 링컨 대통령은 최대의 장점성격인 토5개를 사회 환경에 적응해서 목2개, 화2개, 금2개, 토2개, 수1개로 바꾸어 재능을 최대로 발휘한 모델입니다.

링컨 대통령은 정치가로 다윈은 과학자로 최고지위에 오른 분들입니다. 그런데 왜 다윈과 링컨은 오행성격특성은 같은데 서로 다른 인생사를 엮어 나갔을까요? 심리학자들은 개인의 성격형성은 50%가 유전, 나머지 50%는 환경에 의해 결정된다고 합니다. 다윈과 링컨대통령은 생년월일이 같습니다. 두 분은 조상으로부터 이어받은 재능이 달랐습니다. 다윈의 할아버지는 박물학자, 의사였습니다. 링컨의 할아버지는 농장을 경영한 지주였습니다. 그러나 링컨의 아버지는 토지소유권 분쟁으로 농장을 빼앗기고 가난한 농부가 되었습니다. 다윈은 대영제국에서 태어났습니다. 링컨은 민주국가 미국에서 태어났습니다.

다윈이 5년간 안전하게 세계여행을 하면서 생물학에 필요한 자료와 정보 수집을 할 수 있었던 것은 많은 식민지를 지배하고 있었던 대영제국의 귀족이었기 때문입니다. 당시 미국은 대영제국의 식민지에 겨우 독립한 민주국가이었습니다. 링컨이 자기의 꿈을 이룰 수 있었던 것은 사회 환경이 민주국가이었기 때문입니다. "국민의, 국민에 의한, 국민을 위한 정부"는 링컨 대통령의 연설문입니다. 미국은 1800년대 유일한 민주국가이었습니다. "사람은 환경의 자식이다"라는 명언을 몇 번 외쳐 보십시오!

오행성격특성의 팀워크는 당신의 성취 열쇠

모델30의 오행성격특성 팀워크는 오행약점성격을 상생으로 보완하여 팀의 능력과 잠재력을 높일 수 있습니다. 팀은 오행장점성격을 상극으로 조절해서 오행성격특성 사이의 조화가 이루어지게 합니다. 팀의 상생과 상극활용으로 팀의 성취를 이루어 낼 수 있습니다.

모델30의 오행성격은 장점성격인 토5개에서 1개씩 약점성격인 목, 화 그리고 금에게 나누어 주었습니다. 약점성격인 목2개(1+1=2), 화2개(1+1=2)로 장점성격이 되었습니다. 약점성격인 금1개(0+1=1)로 약점성격이 상당히 강화되었습니다. 모델30의 성격소유자는 토2개, 목2개, 화2개, 수1개, 금1개가 되었습니다.

모델30의 오행성격 금과 수는 사주 8자에 분포수가 각각 1개로 오행성격 평균분포수 1.6개(사주 8자÷오행 5자=1.6개)인 중간단계보다 적은 약점성격입니다. 장점성격인 토는 금과 상생관계이므로 토가 금에게 상당한 도움을 주어 금의 오행성격특성 역할을 중간단계 가까이 끌어올릴 가능성이 있습니다.(토생금) 장점성격인 목은 수와 상생관계이므로 목이 수에게 상당한 도움을 주어 수의 오행성격 특성 역할을 중간단계 가까이 끌어올릴 가능성이 있습니다.(목생수)

금은 목과 화와 상극관계입니다. 금은 화의 신경과민과 불안을 완화시켜 주는 멘토 역할을 합니다.(금극화) 금은 목의 과도한 욕심, 욕망과 경솔한 행동을 조절해 줍니다.(금극목) 화는 금의 냉정한 행동을 정감 있는 행동으로 바꾸도록 멘토를 해줍니다.(화극금) 목은 금의 머뭇거리는 행동을 조절해 줍니다.(목극금)

링컨 대통령과 다윈은 오행장점성격 토2개, 목2개, 화2개를 가지고 있습니다. 링컨 대통령과 다윈의 오행약점성격인 금과 수가 상생으로 중간단계 가까이 강화되었습니다. 링컨 대통령과 다윈의 오행장점성격 3개와 오행약점성격 2개의 오행성격특성 사이의 조화가 이루어지게 되었습니다. 링컨 대통령과 다윈은 오행성격특성의 팀워크로 자기 성취의 열쇠를 가지게 되었습니다.

당신은 상생과 상극을 활용하여 당신의 오행성격특성 사이의 조화를 이루게 하면 당신의 오행성격특성 팀워크 능력이 배가 되며, 당신의 다양한 잠재력이 실현하게 될 가능성이 매우 높아집니다. 당신은 오행성격특성의 팀워크로 당신의 자기 성취의 열쇠를 가지게 됩니다.

이기적 행동과 이타적 행동의 균형은 당신의 행복 열쇠

인간의 생물본능은 자연환경의 창조품입니다.

인간의 사회본능은 사회생태계의 창조품입니다.

오행의 '목'과 '화'의 성격특성행동은 인간의 생물본능이 근원입니다.

오행의 '금'과 '수'의 성격특성행동은 인간의 사회본능이 근원입니다.

인간의 이기적 행동은 '목'과 '화' 성격에서 태어났습니다.

인간의 이타적 행동은 '금'과 '수' 성격에서 태어났습니다.

이기적 행동을 하는 사람은 재산, 명예, 지위 등 자아성취에 몰두할 가능성이 높습니다. 이타적 행동을 하는 사람은 다른 사람들을 더 많이 돕고 다정하며 이해심이 깊고 선행을 즐깁니다. 그러나 자기 성취의 가능성은 낮습니다. 공중에 친 밧줄 위로 안정되게 줄타기하는 곡예사는 장대를 들고 무게 중심을 좌우로 계속 옮기면서 걷습니다. 관객들의 마음은 조마조마 하지만 곡예사는 균형을 잘 잡으며 걷습니다. 줄타기 기술은 장대의 무게 중심을 계속해서 좌우로 옮기는 데 있습니다. 이렇게 역동적 균형을 유지합니다.

대부분의 사람은 매일매일 상황에 따라 이기적 행동과 이타적 행동의 균형을 유지합니다. 이기적 행동과 이타적 행동 중 하나가 어느 한쪽으로 기울어져 있으면 대부분 사람은 행복한 마음에 머물러 있기가 어렵습니다. 이기적인 행동과 이타적 행동의 균형을 맞추려는 노력을 일상생활에서 계속하면 우리는 행복한 마음으로 생활할 수 있습니다. 당신은 손안에 행복의 열쇠를 쥐고 있습니다.

모델30의 성격소유자와 링컨 대통령, 다윈은 이기적 행동(장점성격, 목 2개) 이타적 행동(장점성격, 토2개)의 균형이 이루어져 있습니다. 이타적 행동의 뿌리인 약점성격 수를 대리한 토와 이기적 행동의 뿌리인 장점성격 목의 성격이 균형을 이루었습니다. 모델30의 성격소유자와 링컨 대통령, 다윈은 손안에 행복의 열쇠를 쥐고 있습니다.

우리는 타고난 생물본능과 사회본능을 우리의 마음속에 함께 가지고 있습니다. 이것이 인간(人間)의 숙명(fate)입니다.

참고 : 쉽게 이 책을 이용하는 방법

▶당신의 오행성격특성을 쉽게 활용할 수 있도록 당신의 재능인 장점성격을 중심으로 30개 성격모델을 만들어 소개하였습니다.
성격모델 30개 중에 자기의 장점성격과 같거나 비슷한 것을 찾아서 읽어 보세요! 당신의 장점성격이 당신의 재능들입니다.

▶독자 여러분께서는 잠깐의 시간을 투자해 인터넷 주소창에 '김재철.net'을 입력하고 접속 - 생년월일시 입력 - 오행(목, 화, 토, 금, 수) 숫자 확인 후 5장의 30개 모델 중 오행 숫자가 자기 성격과 같거나 비슷한 성격모델을 찾아 당신의 성격을 알아보고 성공의 열쇠를 찾을 수 있습니다.

좀 더 알고자 하면 4장에서 오행성격 요약을 공부하면 당신의 성격을 제대로 이해할 수 있습니다. 시간적 여유가 더 있다면 1장과 2장, 3장을 읽고 성격에 대해 좀 더 깊이 생각해 보시기 바랍니다.

당신의 목표는 당신의 행동 나침반이며
오행성격특성의 팀워크는 당신의 성취 열쇠가 됩니다.
이기적 행동과 이타적 행동의 균형은 당신의 행복 열쇠입니다.

자기의 성격을 알고 강점은 키우고 약점은 보완하면,
우리는 성공과 행복을 이룰 수 있습니다.

참고 : 성격모델 30개 목록

성격모델 1 목 2개, 화 2개, 금 2개, 수 1개, 토 1개 (호찌민, 투유유, 간디) p62

성격모델 2 목 2개, 화 2개, 수 2개, 금 1개, 토 1개 (슈베르트) p71

성격모델 3 목 2개, 화 2개, 토 2개, 금 1개, 수 1개 (갈릴레이, 나카무라) p76

성격모델 4 목 3개, 화 2개, 토 1개, 금 1개, 수 1개 (처칠) p82

성격모델 5 화 2개, 금 2개, 수 2개, 목 1개, 토 1개 (루스벨트) p88

성격모델 6 화 2개, 토 2개, 수 2개, 목 1개, 금 1개 (만델라) p94

성격모델 7 화 2개, 금 2개, 토 2개, 목 1개, 수 1개 (룰라) p99

성격모델 8 화 2개, 수 2개, 토 3개, 목 1개, 금 0개 (갈레노스) p105

성격모델 9 화 2개, 금 3개, 목 1개, 수 1개, 토 1개 (강태공) p112

성격모델 10 화 3개, 토 2개, 목 1개, 금 1개, 수 1개 (에디슨) p117

성격모델 11 토 2개, 금 2개, 수 2개, 목 1개, 화 1개 (타고르) p123

성격모델 12 금 3개, 수 2개, 목 1개, 화 1개, 토 1개 (도킨스) p129

성격모델 13 토 3개, 금 2개, 목 1개, 화 1개, 수 1개 (빌 게이츠) p135

성격모델 14 목 1개, 화 1개, 토 1개, 금 2개, 수 3개 (마르틴 루터) p141

성격모델 15 목 2개, 금 2개, 토 2개, 화 1개, 수 1개 (미켈란젤로) p148

성격모델 16 목 2개, 금 3개, 화 1개, 수 1개, 토 1개 (마라도나) p154

성격모델 17 목 2개, 수 2개, 토 2개, 화 1개, 금 1개 (등소평) p160

성격모델 18 목 3개, 수 2개, 화 1개, 금 1개, 토 1개 (셰익스피어) p166

성격모델 19 토 3개, 수 2개, 목 1개, 화 1개, 금 1개 (피터 드러커) p173

성격모델 20 수 3개, 토 2개, 목 1개, 화 1개, 금 1개 (괴테) p179

참고 : 도표로 보는 오행과 오행성격

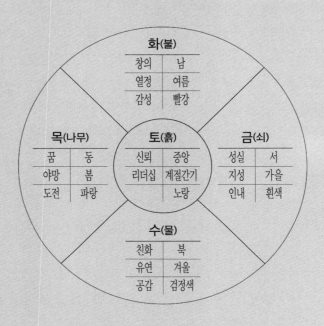

목	화	금	수	토
봄	여름	가을	겨울	계절간기
동	남	서	북	중앙
파랑	빨강	흰색	검정색	노랑

참고문헌

고코로야 진노스케(2013). 누구나 성격을 바꿀 수 있다, 도서출판 좋은날들

김경훈(2003). 세상에서 가장 아름다운 시 99선, 도서출판 푸르름

김백만(1993). 재미있는 오행철학으로서의 여행, 관음출판사

김봉석(2010). 알기 쉽게 풀어 쓴 사주이야기, 도서출판 다임

김재철(2012). 사랑의 길을 꽃에게 묻다, 도서출판 신아출판사(재판, 2018), 아이워북(초판)

김재철(2016). 인생내비게이션을 어떻게 구할 수 있나요, 신아출판사

김재철(2020). 운명의 열쇠는 성격, 성격의 열쇠는 사주, 지혜의나무

김재철(2023). 행동의 지배자 성격, 지혜의나무

다사카 히로시(2016). 사람은 누구나 다중인격, ㈜인플루엔셜

대니얼 네틀(2013). 성격의 탄생, 와이즈북

대한역법연구편제(1985). 신 남산 만세력, 대지문화사

데이비드 데스테노, 피에르카를로 발데솔로(2012) 숨겨진 인격, 김영사

데이비드 시버리(1985). 젊은이에게 주는 글, 동서문학사

데일 카네기(2011). 데일카네기 인간관계론, 느낌이있는책

리처드 H. 탈러, 캐스 R. 선스타인(2019). 넛지, 웅진씽크빅

리처드 니스벳(2010). 생각의 지도, 김영사

리처드 도킨스(1999). 이기적 유전자, ㈜을유문화사

마셜 골드스미스(2016). 트리거, 다산북스

마커스 버킹엄, 도널드 클리프턴(2013). 위대한 나의 발견★강점혁명, 청림출판

매트 리들리(2001). 이타적 유전자, ㈜사이언북스

매트 리들리(2004). 본성과 양육, 김영사

맥스 맥케온(2015). 적응력, 시그마북스

문명수(1997). 진산주역강좌, 진산학회

박하청(2006). 성격발달심리의 이해, 교육과학사

발타자르 그라시안(1995). 세상을 보는 지혜 상권, 하권, 도서출판 둥지

브라이언 리틀(2015). 성격이란 무엇인가, 김영사

사주당 이씨(2011). 태교신기, 한국문화사

설예심(2002). 서양관상학, ㈜도서출판 한길사

손자(2011). 손자병법, 새벽이슬

스즈끼 씽이지(1987). 새로운 유아의 재능교육, ㈜교학사

신현승(2013). 인상을 보면 인생이 보인다, 세종서적㈜

안병욱(1986). 이 아름다운 생명을, 어문각

안병욱(1993). 인생론, 철학과현실사

애니타 울포크(2007). 교육심리학, 박학사

앨빈 토플러(1992). 미래쇼크, 제3물결, 권력이동, 한국경제신문사

엄원섭(2009). 관상보고 사람 아는 법, 백만문화사

엄태문(2011). 궁통보감, 주민출판사

에노모토 히로아키(2008). 아직도 찾아야 할 나, 도서출판 부글북스

에밀 쿠에(2013). 자기암시, 화담출판사

요시다 히로시(2016). 책을 내고 싶은 사람들의 교과서, 다산북스

웨인 W. 다이어(2000). 내 인생 내가 선택하며 산다, ㈜을유문화사

유발 하라리(2016). 사피엔스, 김영사

이사벨 브릭스 마이어스(2009). 성격의 재발견, 도서출판 부글북스

제롬 케이건(2011). 성격의 발견, 시공사

조엘 오스틴(2005). 긍정의 힘, 두란노

조용진(1991). 동양화 읽는 법, 집문당

존 맥스웰(2008). 최고의 나, 다산북스

지그 지글러(2011). 시도하지 않으면 아무것도 할 수 없다, 도서출판 큰나무

풍우란(2010). 중국철학사 상권, 하권, 까치글방

프리초프 카프라(1998). 생명의 그물, ㈜범양사 출판부

피터 드러커(2001). 프로페셔널 조건, 이노베이션 조건, 변화리더 조건, 청림출판사

홍자성(2011). 채근담, 글로북스